MARION GRILLPARZER

DIE MAGISCHE

KOHL SUPPE

DAS KULTBUCH

Inhalt

Das Geheimnis
der magischen Suppe

> Wunderpillen gibt es nicht, aber Zauberei: Die magische Suppe kurbelt den Stoffwechsel an – Sie verbrennen Fett, ohne zu hungern. Darum kochen Prominente immer wieder Kohlsuppe auf, wenn sie die Pfunde dicke haben. Weil die Suppe den Körper entgiftet, wird sie sogar von Ärzten verschrieben. Die endgültige Lösung für Figurprobleme ist sie nicht. Doch sie erleichtert den Einstieg in ein neues schlankes Leben, voller Energie und Fröhlichkeit.

6

Wenn das Bäuchlein den Golfschläger bremst, kocht Ex-»007« Magic Soup auf: Sean Connery löffelt sich für seinen Lieblingssport schlank. Auch wenn TV-Star Birgit Schrowange wieder in ihr kleines Rotes passen will, schnipselt sie Kohl, Tomaten, Zwiebeln und Sellerie – für eine Magic-Soup-Woche. Es heißt sogar, Kate Winslet habe sich kohlsuppenmäßig für »Titanic« verdünnt. Sharon Stone, Glenn Close, Michelle Pfeiffer sollen nach Hollywood-Partys mit Champagner, Hummer und Kaviar immer wieder zum Eintopf greifen, um mit der Kohlsuppen-Magie lästige Pfunde in die Flucht zu treiben. Und auch in Karl Lagerfelds Haus duftet es ab und an nach dem US-Diät-Hit.

Wer hat das Slim-Rezept ausgekocht?

Models in Paris, London, München und New York flüstern sich hinter dem Laufsteg das Rezept zu, von dem keiner so recht weiß, woher es stammt. Mal heißt es, Ärzte der berühmten Mayo-Klinik in den USA hätten es entwickelt. Ein andermal: kalifornische Herzspezialisten. Ihre Patienten müssen vor der Operation erst das Fettpolster loswerden, weil das Skalpell sonst nicht durchkommt.

Das Schlank-Rezept hat viele Namen: »Kohlsuppen-Diät«, »Cabbage-Soup-Diet«, »Magic Soup« … im Grunde weiß man nicht einmal genau, wie alt es ist, 15 oder gar 30 Jahre? Jedenfalls ist es beliebt und taucht immer wieder in der Presse auf. Mittlerweile empfehlen es auch Ärzte – zum Abnehmen und zur Stärkung des Immunsystems.

Kohlsuppe ist in. Und Kohlsuppe ist drin. Wenn man mit der Suchmaschine im Internet stöbert, findet man 173 426 Einträge zum Thema Kohlsuppe – von internationalen Rezepten bis zu fröhlichen Kilo-Minus-Erfahrungen eines SWF-Online-Redakteurs. Übrigens: Nur die selbstgekochte Suppe ist magisch. Die Kohlsuppe in der Kapsel und die vitalstoffarme angeblich magische Dosen-Suppe hat mit diesem Buch nichts zu tun.

Hauptsache, es schmeckt – und dafür sorgen Meisterköche

Egal, wer das Ur-Süppchen ausgekocht hat, es ist praktikabel, wirkt – und schmeckt. Kohlsuppe steht sogar à la carte auf der Speisekarte von Sterneköchen – und in diesem Buch: Vier Starköche legten ihren Kochlöffelzauber über das Mediziner-Rezept. Den Beweis, dass Kohlsuppe auch Gourmets bezaubern kann, tritt das kulinarische Quartett ab Seite 20 an.

Und es überzeugt sogar Tenöre. Der Münchner Sänger Gregor Prächt hat die Suppe getestet. Nun schwärmt der Meister des hohen C in noch höheren Tönen: »Wie bitte? Sieben Tage Kohlsuppe? Nein, danke – hab ich erst gedacht. Aber ein Blick auf mein Bäuchlein hat mich dann doch umgestimmt … Die Rezepte der Starköche sind einmalig. Und die Diät ist für Junggesellen optimal. Einfach einen großen Topf Suppe kochen, und die Thermoskanne ist überall dabei. Sieben Tage vergingen wie im Flug, ohne Hunger, ohne Askese. Und der Bauch war genauso schnell weg. Die Suppe wirkt: neun Pfund in sieben Tagen. Und sie schmeckt. Das mach ich wieder.«

Kohlsuppe ist der Hit bei Hollywood-Promis – sogar Sean Connery speckt mit der Magic Soup ab, wenn ihn sein Bauch beim Golfen stört.

Das Original-Rezept der Kohlsuppe ist vermutlich 30 Jahre alt und von Medizinern erfunden – das macht die Suppe zwar gesund, aber nicht gerade zum Gedicht. Wer sieben Tage lang Kohlsuppe essen will, darf ruhig höhere kulinarische Ansprüche stellen.

Das Original–Rezept

1 Kopf Weißkohl
2 grüne Paprikaschoten
1 kg Möhren
6 große Frühlingszwiebeln
1 Bund Stangensellerie
1–2 Dosen Tomaten
1–2 TL Gemüsebrühe-Extrakt

➤ Gemüse putzen, in Stücke schneiden. Mit Wasser bedeckt aufkochen. Dann Hitze reduzieren und gar kochen. Nach Belieben würzen, allerdings ohne Salz.

Die Original–Kur

An der Suppe kann man sich satt essen. Zusätzlich erlaubt:
1. Tag: Obst – alle Sorten außer Bananen
2. Tag: Alle grünen Gemüse und abends 1 Kartoffel mit Butter
3. Tag: Obst und Gemüse, keine Kartoffeln
4. Tag: 3 Bananen und Magermilch
5. Tag: 1 Portion Hühnerbrust oder Fisch, 6 Tomaten
6. Tag: Steak, grüner Salat
7. Tag: Naturreis und Gemüse

Ab Seite 20 finden Sie aktuelle Versionen für Gourmets!

Ein Loblied auf die Magic Soup: Tenor Gregor Prächt hat die Sterneköche-Version getestet und ist begeistert.

Löffel für Löffel steigt die Stimmung – und das Gewicht sinkt.

Einfach loslöffeln und gute Laune tanken!

Natürlich bekommen Sie hier nicht die verstaubte Kohlsuppen-Kur von vor 30 Jahren vorgesetzt, sondern eine nach neuestem wissenschaftlichen Stand modifizierte Diät. Noch gesünder, noch wirkungsvoller. Sie treten mit der Magic-Soup-Diät nicht nur den Kampf gegen überflüssige Pfunde an, Sie entschlacken und entgiften auch Ihren Körper. Deshalb sollte Ihnen von vornherein klar sein: Sie können in den sieben Tagen keine »kleinen Sünden« begehen, dort ein Brötchen, hier eine Praline, da ein Glas Bier.

Nun, sieben Tage heißt ja nicht »ein Leben lang«. Darben müssen Sie nicht. Die Rezepte der Starköche sind hervorragend. Und Sie werden sehen: Schon am zweiten Tag fühlen Sie, wie Körper, Geist & Seele »Danke« sagen.

Was spricht für die Kohlsuppen-Diät?

Eine ganze Menge:

➤ Sie ist unglaublich praktisch. Immer und überall durchzuführen. Sie passt in den Büroalltag und ins Single-Leben.

➤ Sie verlieren bis zu fünf Kilo in sieben Tagen – natürlich nicht nur Fett, das geht nicht, sondern auch überflüssiges Gewebewasser.

➤ Sie spüren, wie gut es tut, wenn Sie Ihren Körper mit Vitalstoffen verwöhnen, statt ihn mit E-Nummern (Konservierungsstoffe & Co.) voll zu stopfen.

➤ Sie stärken Ihre Abwehrkräfte.

➤ Sie tanken Energie.

➤ Sie bekommen vielleicht Lust, Ihre neu gewonnene Leichtigkeit des Seins weiter zu genießen – Ihre Ernährung auf schlank & gesund umzustellen. In diesem Buch finden Sie viele kleine Ratschläge, die Ihnen helfen, das neue Gewicht zu halten.

Kohl an und für sich: Inhaltsstoffe mit Spitzeneffekt

Kohl steht für geballte Power:

➤ Klar, dass Kohl sich nicht auf den Hüften niederschlägt. Er besteht zu 95 Prozent aus Wasser, hat nur 22 kcal pro 100 Gramm und protzt regelrecht mit seinen Ballaststoffen. Er liefert etwas Eiweiß und wenig Kohlenhydrate – lockt also nicht das Dickhormon Insulin.

➤ Seine B-Vitamine kurbeln den Energiestoffwechsel an – und helfen der Konzentration auf die Sprünge.

➤ Zudem macht Weißkohl gute Laune. Und zwar mit dem Spurenelement Selen, das die Produktion von fröhlich stimmenden Botenstoffen im Körper anregt.

➤ Als Brain-Food und Stresskiller taugt Kohl auch: Er liefert Folsäure, das B-Vitamin für gute Nerven.

➤ Die Schwefelverbindungen (Senföle), die als Kohlaroma durchs Haus wabern, beugen Krebs vor.

➤ Sein Vitamin C heizt die Fettverbrennung in den Mitochondrien, den kleinen Kraftwerken der Zellen, an.

➤ Kohl entpolstert vitalstoffreich die Hüften, unter anderem mit Magnesium, Kalzium, Eisen, Jod und Zink.

➤ Sein hoher Gehalt an Kalium entschlackt.

➤ Sein Vitamin A schützt die Haut.

➤ Senföle und Farbstoffe wirken antibiotisch, killen Bakterien und senken den Cholesterinspiegel.

Wirkung ohne Ende ...

Sie brauchen noch einen Grund, der Ihnen die magische Kugel schmackhaft macht? Suchen Sie sich einen aus: Kohl hilft bei Schlafstörungen, kräftigt das Immunsystem, polstert die Nerven, fördert die Libido und die Geisteskraft. Noch mehr Kohlweisheiten finden Sie ab Seite 28.

Und was spricht dagegen?

Auch ein paar Dinge:

➤ Durch Ihre Wohnung wabern Kohlaromen. Und auch Sie duften ein wenig danach. Ein Schuss Essig im Kochwasser raubt dem Odeur die Schärfe.

➤ Diese Diät ist nichts für Kinder und Erwachsene, die aus medizinischen Gründen keine Diät machen sollten.

➤ Und mancher Bauch verträgt Kohl ganz einfach nicht.

Achtung Flatulenz!

Kennen Sie das Buch (oder den Film) »Das Hotel New Hampshire« von John Irving? Eine wichtige Rolle spielt darin »Kummer« – ein Hund, der unter hochgradiger Flatulenz litt. Und die Familie litt mit. Buch und Film machten den medizinischen Fachbegriff Flatulenz populär: Endlich war ein Begriff da für eine Sache, über die man nicht spricht.

Um zur Sache zu kommen: Auch Sie könnte in diesen sieben Tagen das Leiden quälen. Sie – und Ihre Kollegen, Ihre Familie … Denn Kohl ist mitunter der stärkste Flatulenz-Erreger, den es gibt. Dr. Schleicher rät im Interview auf Seite 15, Kamillenblüten in die Suppe zu tun. Gourmets sollten sie vielleicht lieber separat als Tee zubereiten. Auch Kümmel- oder Fencheltee ersparen Ihnen Kummers Kummer: Blähungen.

Manchmal muckt der Bauch auf. Kümmel und Fenchel nehmen den Wind aus den Segeln. Auch eine sanfte Bauchmassage im Uhrzeigersinn hilft.

Die Slim-Magie, die dahinter steckt

Eines können Sie sicher sein, hinter diesem Diätrezept steckt kein unerklärbarer Hokuspokus – eher schlichte Wissenschaft. Die Magic Soup hat sich über Generationen als »Geheimrezept« von Kochtopf zu Kochtopf verbreitet – dank dem verblüffenden Fatburner-Effekt, der GLYX-Formel und dem Entschlackungs-Zauber.

Fatburner-Effekt

Um die Suppe zu verdauen, muss Ihr Körper ordentlich Energie zuschießen. Und woher nimmt er die? Aus den Fettpölsterchen. Auch das Obst und Gemüse, das Sie unbegrenzt essen dürfen, regt mit seinen Vitalstoffen den Stoffwechsel an, Fett zu verbrennen. Natürlich prasst man in der 7-Tage-Diät auch nicht gerade mit Kalorien – und sie enthält kaum Fett. Mehr lesen Sie ab Seite 12.

Die GLYX-Formel

Ein weiterer Schlank-Faktor dieser Diät: Man entzieht sich der Diktatur der schlechten Kohlenhydrate.
Die GLYX-Formel entscheidet über Ihr Schicksal: dick oder dünn – ob Ihre Hormone Fett schmelzen oder Fett horten. Lesen Sie weiter auf Seite 44.

Rundum befreit

Die Kohlsuppe entgiftet und entschlackt den Körper. Sie verlieren überschüssiges Wasser. Schon am zweiten Tag fühlen Sie sich fitter, fröhlicher und mit Energie aufgeladen. Glau-

Misstrauen Sie der Waage und trauen Sie lieber Ihrer Jeans oder einem Maßband. Die sind zuverlässiger.

ben Sie nicht? Dann lesen Sie erst das Interview auf Seite 15. Und dann probieren Sie es aus. Wetten, dass …?

Wiegen Sie zu viel?

Übergewicht gefährdet die Gesundheit – aber eine Diät am schlanken Körper auch. Berechnen Sie erst Ihren Body-Mass-Index (BMI), um herauszufinden, ob Sie zu viel wiegen (siehe Kasten).

Muskeln oder Fett?

Woraus besteht Ihr Körper – aus Muskeln oder aus Fett? Das sagen Ihnen weder der BMI noch Ihre Haushaltswaage. Doch das wäre wichtig. Sie können nämlich Größe 36 tragen und haben trotzdem Übergewicht. Weil sich mangels Muskeln Fett breit gemacht hat. Und Sie können Größe 44 tragen und strotzen vor praller, gesunder, schöner Üppigkeit. Alles Muskeln – und die sollten Sie um Himmels willen nicht weghungern. Denn nur im Muskel wird in nennenswertem Maße Fett verbrannt.

Misstrauen Sie der Waage

Erklären Sie in den folgenden sieben Tagen (und am besten auf immer) die Waage zur »falschen Freundin«, denn:

➤ Sie lügt: Die Waage misst Ihr Gewicht. Nur Kilos. Sie sagt nicht, ob das wertvolle Muskeln sind, aufgedunsenes Gewebe oder wabbeliges Fett.

➤ Sie ist hinterlistig: Denn ihr Zeiger geht möglicherweise nach oben, obwohl Sie Fett verlieren. Dann, wenn Sie Muskeln zulegen. Und das tun Sie, weil Sie mit dieser Diät nicht faul auf dem Sofa herumliegen und auf ein Wunder warten. Muskeln sind schwerer als Fett. Darum kann die Waage kurzzeitig sogar mehr anzeigen.

➤ Sie ist gemein: Denn sie diktiert Ihre Laune. Machen Sie sich unabhängig von der morgendlichen Diktatur dieses seelenlosen Ungeheuers.

DER BODY-MASS-INDEX

$$BMI = \frac{\text{Körpergewicht (in kg)}}{\text{Körpergröße (in m}^2)}$$

Beispiel: Für eine 1,70 m große und 65 Kilo schwere Frau beträgt der BMI
65 : (1,70 x 1,70) = 22,5

Wie sieht Ihr Wert aus?

➤ Unter 19: Sie sollten keine Diät machen.
➤ zwischen 19 und 25: Wunderbar, Ihr BMI liegt im idealen Bereich.
➤ 25 bis 30: Leichtes Übergewicht. Mit der Kohlsuppe werden Sie ein paar Kilos los.
➤ Über 31: Deutliches Übergewicht. Sie sollten der Gesundheit zuliebe abnehmen. Sprechen Sie mit Ihrem Arzt.

Trauen Sie Ihrem Gefühl

Tasten Sie Ihren Körper ab, fühlen Sie, wie Pölsterchen verschwinden. Vertrauen Sie Ihrer Jeans, die Tag für Tag ein Stückchen »wächst«. Und wenn Sie selbst das nicht glauben können, dann legen Sie ein Maßband um. Das kann mit Zentimetern nicht schwindeln.

Fettpölsterchen messen

Besorgen Sie sich eine Körperfettwaage. Sie bestimmt über Leichtstrom den Fett- und Muskelanteil in Ihrem Körper. Auf diese dürfen Sie sich vor der Diät und am Morgen des achten Tages nach der Diät stellen. Sie sagt Ihnen genau, wie viel Sie von Ihren ungeliebten Fettpölsterchen verloren haben.

Weder die normale Waage noch der BMI sagen etwas darüber aus, wie viel Fett Sie während der Diät verlieren und wie viel Muskeln Sie zulegen. Das sagt Ihnen nur eine spezielle Körperfettwaage.

Wie funktioniert nun diese magische Diät? Mit der Kohlsuppe allein ist es natürlich nicht getan. Dazu gibt's auch noch andere Schlankmacher der Natur – eingepackt in ein ausgeklügeltes 7-Tage-Programm. An das man sich natürlich halten sollte. Wichtig: Wenn Sie gesundheitliche Probleme haben, dann sprechen Sie zuerst mit Ihrem Arzt, ob Sie diättauglich sind. Und nehmen Sie dieses Buch mit. Im Grunde dürfte er keine Einwände haben, denn diese Diät ist gesund.

1. Kohl à la carte

Kochen Sie sich alle zwei Tage einen großen Topf Kohlsuppe – nach Wahl. Probieren Sie die asiatische Variante von Starkoch Eckart Witzigmann, die mediterrane von Kolja Kleeberg, die nordafrikanische von Christian Lohse oder die italienische von Frank Buchholz. Die Rezepte der Starköche sind einfach nachzukochen – und schmecken nach mehr.

2. Suppe satt

Von der Suppe dürfen Sie essen, so viel Sie wollen. Mittags, abends, zwischendurch – immer, wenn Sie Lust darauf haben. Oder besser: Sie sollten. Je mehr Kohlsuppe Sie essen, desto gesünder, desto effektiver der Schlank-Effekt. Das hilft einem auch beim Umlernen: Gesundes Essen macht nicht dick, sondern versorgt 70 Billionen Körperzellen mit wertvollen, lebenswichtigen Vitalstoffen. Die für gute Laune sorgen, für glasklare Gedanken

– und unendlich viel Lebensenergie. Die Suppe einfach im Kühlschrank aufbewahren, nach Bedarf heiß machen.

3. Thermoskannen-Mitnahmepflicht

Wenn Sie unterwegs sind, nehmen Sie sich eine Thermoskanne voll Kohlsuppe mit. Die Thermoskanne hält die Suppe warm – und bei Bedarf auch kalt. Ein Tipp fürs Büro: Nehmen Sie eine größere Portion mit. Denn die Starkochsüppchen will jeder probieren. Wetten, dass …?

4. Kein Tage-wechsle-dich

Halten Sie sich strikt an die für die einzelnen Tage angegebenen Lebensmittel. Und an die Reihenfolge der Tage.

Sollten Sie noch die Intervall-Diät dranhängen, wird's etwas lässiger, und Sie können die Rezepte nach Belieben wechseln. Intervall heißt: Nach einem Kohlsuppen-Tag folgt ein Fatburner-Tag, an dem Sie Lebensmittel essen, die schlank machen. Mehr dazu ab Seite 88.

5. Viel trinken!

Täglich mindestens 3 Liter stilles Mineralwasser, Kräuter- und Früchtetees. Alkohol sollten

Sie in Ihrer Kohlsuppen-Woche meiden. Mehr übers Trinken siehe Seite 52!

6. Plus Eiweiß

Morgens und nachmittags gibt es einen Eiweiß-Shake mit Eiweißpulver. Sie können die Drinks auch durch Molke oder Buttermilch ersetzen. Besorgen Sie sich also ein gutes Eiweißpulver in der Apotheke. Denn Ihr Körper braucht Eiweiß, um Fett zu verbrennen. Die alte Kohlsuppen-Diät enthielt wenig Eiweiß. Heute weiß man aber: Wenn nicht 50–100 g Eiweiß täglich in der Nahrung stecken, nagt der Körper seine eigenen Vorräte und damit die Muskeln an.

7. Plus Atmen & Bewegung!

Jeden Tag sollten Sie 3-mal Atemübungen machen, für 30 Minuten in Turnschuhen an die frische Luft gehen (oder 15 Minuten auf dem Trampolin hüpfen) und 10 Minuten in Ihre Muskeln investieren. Die Anleitungen dazu finden Sie ab Seite 46 und 54.

Ideales Schlank-Mittel: stilles Wasser mit Zitronensaft.

Bester Weight-Watcher: Ihr Paar Laufschuhe.

8. Sieben Tage – und Schluss!

Machen Sie diese Diät nicht länger als sieben Tage. Wenn Sie nur wenig abnehmen wollen oder Ihren Körper entschlacken möchten, reichen auch drei Tage aus. Eine Anleitung für ein Blitzschlank-Wochenende finden Sie ab Seite 80. Längere Zeit strenge Diät nimmt Ihnen Ihr Körper übel. Er schaltet den Stoffwechsel herunter. Und Sie schaukeln mit dem Gewicht schnell wieder nach oben. Das kennen Sie als »Jo-Jo-Effekt« (Seite 54).

9. Ausnahme: Intervall-Diät!

Wenn Sie mehr abnehmen wollen, dann hängen Sie die Intervall-Diät dran, wie ab Seite 88 beschrieben. Sie verhindert den Jo-Jo-Effekt. Und weil es die gute Suppe dann nur noch alle zwei Tage gibt, wird Ihr Gaumen sie auch weiter mögen.

14

ge, bei der Kohlsuppen-Diät gibt's Obst und Gemüse, also Vitalstoffe, satt. Dennoch ist ein zusätzliches, gutes Vitalstoffpräparat aus der Apotheke zu empfehlen. Plus: Magnesium und Kalzium jeweils zum Auflösen in Wasser.

10. Der ideale Termin

Beginnen Sie nie mit einer Diät, wenn Ihr Partner sagt: »Du könntest eigentlich mal abspecken.« Nein. Nur Sie selbst entscheiden über Ihren Körper und über Ihre Seele.

➤ Starten Sie, wenn Sie Lust haben, wenn Ihnen der Sinn nach Abnehmen steht. Und das tut er mit Sicherheit nicht, wenn in die Woche viele Termine, Einladungen und Feste fallen. Suchen Sie sich eine ruhige Woche aus. Vielleicht auch eine, in der Sie sich nicht, aus allen Poren nach Kohlsuppe duftend, um einen neuen Job bemühen.

➤ Ideale Zeiten, die der Terminkalender vorgibt: nach den Winterfeiertagen, wenn man bratenvoll und plätzchensatt ist. Und Zeiten, die der Körper besonders mag: im Frühjahr, wenn der Stoffwechsel auf »schlank« steht.

➤ Wer an die Kraft des Mondes glaubt, wird spüren, dass es am besten läuft, wenn auch er abnimmt.

12. Schlank mit Olivenöl

Auch Fett kam früher nicht in die Suppe. Heute wird mit Olivenöl gekocht. Denn wir brauchen seine essenziellen Fettsäuren so dringend wie Vitamine. Ohne sie bildet Ihr Körper keine Schlank-Hormone. Auch die Starköche verwenden Olivenöl in der Suppe. Planen Sie täglich zusätzlich 2–3 Teelöffel Olivenöl ein, etwa im Gemüsesalat.

Olivenöl lockt Schlankhormone.

Ohne Vitalstoffe klappt die Fettverbrennung nicht.

11. Vitalstoffe gegen Fett

➤ Vitamine und Mineralstoffe ackern im Energiestoffwechsel mit. Fehlen Vitalstoffe, bleibt das Fett auf den Hüften sitzen. Keine Sor-

Magie auf Rezept

Ein Interview mit Dr. Peter Schleicher

Der Münchner Immunologe Dr. Peter Schleicher verschreibt die Kohlsuppe seinen Patienten – mit Erfolg.

Alles Hokuspokus, oder kann man mit Kohlsuppe wirklich so gut abnehmen?

Dr. Schleicher: Man kann. Wir haben mittlerweile sechs Jahre Erfahrung damit. Unsere Patienten verlieren vier bis sechs Kilo in der Woche. Und fühlen sich frisch, fit – ja regelrecht mit Energie aufgeladen. Diese Diät ist praktisch, jederzeit durchführbar, gut für Singles oder Berufstätige geeignet. Man kann auch immer mal eine 3-Tage-Diät einlegen, um nach Festtagen die Pfunde wieder loszuwerden.

Ist sie gesund?

Sicher. Es handelt sich um eine medizinische Diät. Sie stärkt das Immunsystem. Und sie entschlackt den Körper auf allen Ebenen. Bei den meisten Diäten verstopft ein Entschlackungsmechanismus. Mit der Atkins-Diät bekommt man zum Beispiel Gicht, weil die Nieren nicht alles ausscheiden können.

Welches ist die wirkungsvollste Zutat im magischen Süppchen?

Die Hauptarbeit übernimmt der Kohl. In 100 Gramm stecken nur 22 kcal, und er ist äußerst faser- und ballaststoffreich. Um den Kohl aufzubereiten, braucht der Körper mehr Energie, als er daraus gewinnen kann. Übersetzt heißt das so viel wie: Kohl regt die Fettverbrennung

an. Je mehr man isst, desto mehr nimmt man ab. Und Kohl liefert B-Vitamine und Vitamin C. Lauter Arbeiter im Energiestoffwechsel. Fehlen sie, bleibt das Fett auf den Hüften liegen. Übergewicht geht oft auf das Konto von Vitalstoffmangel.

Doch manche haben mit Kohl reale Probleme?

Es gibt einen einfachen Trick, wenn jemand die Suppe nicht verträgt: Eine kleine Hand voll Kamilleblüten ins Kochwasser geben.

Manche sagen, Schlacken gäbe es gar nicht …

Doch, Schlacken gibt es wirklich. Sie glauben nicht, was die Wurstsemmel im Körper anrichtet! Durch falsche Ernährung gerät der Säure-Basen-Haushalt aus dem Gleichgewicht. Der Körper übersäuert. Es bilden sich saure Ablagerungen, die Zellstrukturen verätzen – sprich: Schlacken. Das macht müde, stört die Durchblutung, löst Rheuma, Gicht und Arthrose aus. Und der Körper speichert Unmengen unnötiges Wasser, um die sauren Stoffe zu neutralisieren. Deswegen sieht man aufgedunsen aus.

Hänsel wurde von der Hexe mit Zuckerwerk gemästet. Ist das die effektivste Methode, schnell dick zu werden?

Ja. Man spricht von Insulin-Mast. Kohlenhydrate in Form von Bier, Süßem, Zucker und Weißmehl mästen den ganzen Menschen über die ständige Insulinproduktion – und

Je mehr Kohl Sie essen, desto mehr Fettmoleküle verschwinden von Hüfte und Po.

Der Immunologe
Dr. Peter Schleicher
verschreibt gerne
Medizin, die aus der
Natur kommt.
Kohlsuppe statt
Appetitzügler.

führen zur Leberverfettung. 85 Prozent der Deutschen haben eine Fettleber. Das heißt, unser wichtigstes Entgiftungsorgan kann nicht mehr richtig arbeiten. Die Folgen: Diabetes Typ II und Gicht. Der Körper speichert Schwermetalle und andere toxische Substanzen. Verdauung und Fettstoffwechsel sind gestört. Man nimmt noch mehr zu, wird chronisch müde, die Abwehrkräfte schwächeln und die Gefäße verkalken. Das führt zu Schlaganfall und Herzinfarkt.

Und wie genau entschlackt die Magic Soup?

Die Kohlsuppe wirkt wie eine Drainage auf vier Ebenen: Verdauungstrakt, Lymph-, Herz-Kreislauf- und Immunsystem schalten auf »Das Giftzeugs muss raus aus dem Körper«.

Die Suppe putzt den ganzen Körper durch?

Ja. Jeder Inhaltsstoff hat spezifische Wirkungen. Die Gemüse schwemmen aus und entschlacken den Darm mit ihren Faserstoffen. Sie enthalten immunologische Substanzen wie Flavonoide. Diese aktivieren die Fresszellen des Immunsystems so stark, dass sie dreimal so viel »Feinde« entsorgen wie sonst.

Was übernehmen Sellerie und Paprika?

Sellerie wirkt stark wassertreibend und regt die Magensäfte an. Je mehr Verdauungssäfte tätig werden, umso früher ist man satt. Auch der Paprika in der Suppe kurbelt die Speichel- und Magensaftsekretion an – und liefert hoch konzentriert Vitamin C.

Vitamin C zählt ja auch zu den Fatburnern.

Ja. Menschen mit Übergewicht leiden häufig an Vitamin-C-Mangel.

Und die Zwiebel?

Studien zeigen, dass sie Bakterien killt, Entzündungen hemmt, Fett- und Zuckerwerte im Blut senkt und Bluthochdruck mindert. Sie verbessert die Fließfähigkeit des Blutes und beugt Herzinfarkt und Krebs vor. Weil die Zwiebel die Durchblutung verbessert, wird auch das Gewebe, in dem die Schlacken stecken, besser durchblutet und der ganze Organismus entschlackt.

Der Kohl macht die Arbeit nicht allein. Wichtige Basiszutaten helfen ihm beim Fatburner- und Entschlackungs-Zauber.

Tomaten und Karotten vervollständigen die Zauberformel?

Eine tomatenreiche Ernährung bietet einen durch viele Studien bewiesenen Schutz vor Krebs und Herz-Kreislauf-Erkrankungen, und zwar durch den sekundären Pflanzenstoff Lycopin. Ein Lock- und Schutzstoff. Damit schützt sich die Tomate vor Pilzen und Bakterien. Lycopin regt das Immunsystem an und senkt den Insulinspiegel. Karotten enthalten Carotine. Die fangen freie Radikale – aggressive Sauerstoffmoleküle, die Zellen und Erbsubstanz zerstören. Karotten schützen die Haut vor UV-Strahlen und Krebs.

Was ist während der Diät zu beachten?

Man verliert viel Flüssigkeit und damit eine Menge an Mineralien und Spurenelementen. Nehmen Sie ein gutes Vitamin- und Mineralstoffpräparat und trinken Sie viel. Ein Eiweißpulver verhindert, dass Körpereiweiß und damit Muskeln abgebaut werden.

Was tun, wenn man nach drei Tagen die Suppe nicht mehr sehen kann?

Das kommt selten vor. Aber dann empfehle ich: einfach pürieren und trinken. In der Regel schmeckt sie dann wieder.

EIN WORT ZUM WORT »DIÄT«

»Diät« kommt aus dem Griechischen und bedeutet Lebenseinstellung, Lebensart. Und diese kann durchaus fröhlich und voller Genuss sein. Wochenlang Eier zu essen oder jahrelanges Kalorienzählen ist keine Lebenseinstellung. Im Gegenteil: eher die Aufforderung, das Essen, das Genießen, das Leben einzustellen.

Auch Kohlsuppen-Löffeln ist keine Lebenseinstellung. Sehen Sie die Magic Diet als Einstieg in ein neues Leben. Und gewinnen Sie mit den Informationen in diesem Buch eine neue »Lebenseinstellung«: Essen ist mehr als Kalorienaufnehmen. Essen ist Ihr wichtigster Treibstoff für Gesundheit, Wohlbefinden und gute Laune.

Eine gute Diät heißt ...

➤ Sie haben keinen Hunger
➤ Ihre 70 Billionen Körperzellen bekommen ausreichend Vitalstoffe
➤ der Genuss bleibt nicht auf der Strecke
➤ der Waagezeiger bleibt auch nach der Diät unten
➤ sie enthält auch Anleitung zur Bewegung
➤ sie zeigt Wege auf, wie Sie sich entspannen
➤ sie verspricht nicht nur, sondern erklärt, was im Körper passiert
➤ Sie fühlen sich munter und pudelwohl

Vier **Sterne**-Köche
kochen **Kohl** auf

19

> Zauberei vom Feinsten: Das Original-Rezept kam zu vier Starköchen – und magische Künste verwandelten es in Schmankerln für Gourmets. Ausprobieren, bis zu zehn Pfund verlieren – und ja nicht weitersagen! Über den Star in der Suppe lesen Sie alles Wissenswerte ab Seite 28 – von seinem Dasein als Medizinball, über seine Großfamilie, seine Entfaltung als Globetrotter in den Töpfen dieser Welt und über den Eigenanbau als Kohl im Kübel.

Eckart Witzigmann

Starkoch Eckart Witzigmann verleiht bodenständigem Kohl asiatische Leichtigkeit.

Wer kennt ihn nicht – den Schüler von Bocuse, den deutschen Meister des Kochlöffels. Leider muss man, um seine Kochkunst zu genießen, nach Mallorca fahren. Halt, nicht immer. Holen Sie sich einen Kohl und stellen Sie schon mal den Topf auf. Witzigmanns magische Kohlsuppe ist einfach ein Gedicht.

Asiatische Kohlsuppe

Der Sternekoch würzt mit Ingwer und Zitronengras – und heizt den Pölsterchen kräftig mit Chili ein.

Das Rezept reicht für 1 bis 2 Tage – je nach Hunger.

Zutaten

500 g Weißkohl
300 g Blumenkohl
170 g Möhren
1 Stangensellerie
300 g Strauchtomaten
2 rote Paprikaschoten
150 g weiße Zwiebeln
150 g Lauch
2 EL kretisches Olivenöl
1 EL gelbes Currypulver

1 EL gehackter Kümmel
2 frische Knoblauchzehen
0,2 l pürierte Tomaten
1,5 l Wasser
2 Würfel Gemüsebrühe
1 EL zerstoßenen Koriandersamen
2 Lorbeerblätter
2 kleine getrocknete, gehackte
Chilischoten
2 cm frischer Ingwer
1–2 Stangen Zitronengras
1 Spritzer Sojasauce
frische Korianderblätter
frische Petersilie

Und so geht's

1 Das Gemüse waschen, putzen und klein
schneiden. Zwiebeln und Lauch in einem
großen Topf mit dem Olivenöl anschwitzen.
Mit dem Curry würzen und den gehackten
Kümmel und Knoblauch dazugeben. Kurz
köcheln lassen.

2 Restliches Gemüse und pürierte Tomaten
zugeben und mit Wasser aufgießen.

3 Brühwürfel, Koriandersamen, Lorbeerblätter, Chilis, Ingwer und Zitronengras dazugeben und aufkochen.

4 10 Minuten kochen lassen, Temperatur
reduzieren und so lange köcheln lassen, bis
das Gemüse gar ist. Mit Sojasauce abschmecken und die frischen, gehackten Kräuter
dazugeben.

Weise Würze

➤ Zitronengras (Citronella): Das asiatische
Gewürz schmeckt intensiv zitronenfrisch und
regt den Stoffwechsel an. Es würzt Fleisch,
Fisch und Suppen. Meist reicht eine Stange.
Man nimmt das untere, hellgrüne, feste Drittel
und schneidet es in Scheiben. Die grasähn-
lichen Blätter kann man aufbrühen und als
Getränk servieren: pro Tasse 2 TL, 5–10 Minuten ziehen lasen. Senkt Fieber, hilft gegen Flatulenz und Magenbeschwerden. Zitronengras
gibt's auch getrocknet und als Pulver.

➤ Ingwer: Die süß-scharf brennende asiati-
sche Wurzel würzt Fisch, Fleisch und Suppen.
Lindert Seekrankheit und Kater, verbessert die
Durchblutung, kräftigt das Herz und heilt
Entzündungen.

➤ Koriander: Der frisch gemahlene Samen
schenkt die Aromen einer Pomeranze (bittere
Orange). Das frische Kraut schmeckt lauch-
artig herb, zitronig-pfeffrig. In Frankreich kaut
man die Blätter nach Knoblauchgenuss.

Zitonengras gibt
Witzigmanns Kohlsuppe
das gewisse Etwas.

21

Kolja Kleeberg

Man kennt Kolja Kleeberg aus dem Frühstücksfernsehen. Wie lautet seine Küchenphilosophie? »Kolja Kleebergs Kalender-Küche arbeitet mit dem Gedanken: Die Natur hält dann, wenn wir etwas Bestimmtes brauchen, diese Inhaltsstoffe für uns parat, mit dem, was sie bietet. Der Spargel im Frühling hilft dem Körper, das über den Winter angereicherte Wasser wieder loszuwerden. Im Sommer braucht der Körper viel Wasser: Gurken und Tomaten enthalten 95 Prozent davon. Der Winterkohl liefert dreimal mehr Vitamin C als Zitronen, ist wertvoller als ein Schälchen kanadische Erdbeeren. Kohlsuppe hat immer Saison, da es über das Jahr hinweg verschiedene Weißkohlsorten gibt. Und man kann sie auch wunderbar kalt essen. Weil schöne Gemüse drinstecken, die mit ihrer Fruchtsäure erfrischen – wie die Tomate.«

Mediterrane Kohlsuppe

Anchovis und Olivenpaste machen dieses Rezept zur Gourmetreise ans Mittelmeer.

Rezept für 1 bis 2 Tage.

Zutaten

1 rote Paprika
1 gelbe Paprika
250 g Möhren
3 Stangen Staudensellerie
250 g Brechbohnen
500 g Weißkohl
1 große Gemüsezwiebel
2 Knoblauchzehen
4 EL Olivenöl

Meersalz
2 getrocknete Chilischoten
1 l Gemüsebrühe
je 2 Zweige Thymian und Basilikum
1 Salbeizweig
3 Anchovis (Sardellenfilets)
4 Strauchtomaten
75 g schwarze entsteinte Oliven
2 EL weißer Balsamico-Essig

Für die Olivenpaste:

200 g schwarze entsteinte Oliven
3 Anchovis (Sardellenfilets)
2 Thymianzweige
Schale einer ungespritzten Zitrone
50 g Kapern in Salz (über Nacht in Wasser entsalzen!)
0,2 l provençalisches Olivenöl
Salz, Pfeffer aus der Mühle

Und so geht's

1 Paprika im vorgeheizten Backofen bei 175° Umluft 30 Minuten garen. In einen Gefrierbeutel geben und verschließen. Nach einer halben Stunde die Haut abziehen.

2 Möhren, Sellerie und Bohnen putzen, klein schneiden. Kohl in Blätter zerteilen und klein zupfen. Zwiebel häuten und längs achteln.

3 Zwiebel und ungeschälte Knoblauchzehen im Olivenöl anschwitzen. Dann Möhren, Sellerie, Bohnen nacheinander je 1 Minute anschwitzen, zuletzt den Weißkohl. Mit Salz und zerbröselten Chilischoten würzen. Brühe auffüllen, einmal aufkochen. Thymian, Basilikum und Salbei zusammenbinden und in den Topf hängen. Zugedeckt 5 Minuten ziehen lassen. Knoblauchzehen rausfischen.

4 Anchovis gut abspülen und klein hacken. Tomaten überbrühen, häuten, in Stücke schneiden. Die enthäuteten Paprikas würfeln. Mit den Oliven zur Suppe geben. Mit Salz und Balsamico-Essig abschmecken. Weitere 5 Minuten ziehen lassen.

5 Für die Paste: Oliven, klein geschnittene Anchovis, Thymianblättchen, Zitronenschale und Kapern pürieren. Mit Olivenöl glatt rühren, mit Salz und Pfeffer würzen. In jede Portion Suppe 1 TL davon rühren.

Weise Würze

➤ Thymian: Das Mittelmeergewürz schmeckt zu gegrilltem Fleisch und Fisch, in Saucen und Eintöpfen. Würzt getrocknet dreimal stärker als die frischen Blättchen. Frische Variante für Sommergerichte: Zitronenthymian. Schon Hildegard von Bingen sprach dem Thymian Heilkräfte zu. Heute weiß man: Die ätherischen Öle lösen Krämpfe, können Husten heilen und halten Bakterien in Schach.

➤ Salbei: Die Druiden glaubten, dass er kraft seiner magischen Wirkung Tote zu wecken vermag. Er fördert die Verdauung, regt Galle und Leber an, hemmt das Wachstum von krankheitserregenden Mikroorganismen. Seine kampferähnlichen Aromen harmonieren gut mit Knoblauch, Zwiebeln, Rosmarin.

➤ Knoblauch: senkt den Blutdruck und putzt die Arterien durch. Den typischen Geruch mildert man durch Garen. Nach Knoblauch-Orgien hilft – so heißt es –, Kaffeebohnen oder Petersilie zu kauen. Die Knolle passt zu fast allen Weltküchen, ob asiatisch, indianisch oder mediterran.

23

Kolja Kleeberg – Chefkoch des Restaurants VÂU in Berlin – zaubert nach der Philosophie: Genuss für alle Sinne.
In seiner Küche zählt absolute Frische – es werden nur saisonale Lebensmittel aus biologischem Anbau verwendet, keine Fertigprodukte, alles wird per Hand hergestellt.
Telefon: 030/2 02 97 30

Christian Lohse

TIPP

Christian Lohse –
Sternekoch im
„The Regent", Berlin
(Tel.: 030/203 38).
Seine Zauberkünste:
leicht und fettarm,
im französischen
Stil. Seine Gerichte,
mit frischem Bio-
Gemüse gekocht,
verwöhnen Gaumen
und Seele mit köst-
lichen Aromen.

Mögen Sie Kohl, Herr Lohse? »Natürlich. Nur: Kohl ist nicht gleich Kohl. Ich bin auf dem Land aufgewachsen. Mit Kohl frisch aus dem Garten. Abschneiden, putzen, kochen. Ein Gedicht. Wird er morgens geschnitten und sofort verarbeitet, hat er den knackigen, fruchtigen Ton, würzig und pfeffrig. Wenn wir Kohl auf der Karte haben, freuen sich die Gäste. Gegrillte Langostinos, Sommerkohl, Trüffel – eine wunderbare Verbindung.«

Nordafrikanische Kohlsuppe

Der Sternekoch setzt auf Aroma. Und das steckt eben nur in Bio-Gemüse.

Rezept für 1 bis 2 Tage.

Zutaten

500 g Kohlkopf
1/2 Stangensellerie
2 junge Fenchel
4 weiße Rüben
4 Artischocken
4 große Tomaten
2 Paprikaschoten
1 Bund Frühlingszwiebeln
3 Knoblauchzehen
1 Limette
1 Teelöffel Fenchelsamen
2 getrocknete Chilischoten
4 EL Olivenöl
grobes Meersalz
2 l Gemüsebrühe
1 EL gehackte, glatte Petersilie
1 EL gehackte Zitronenmelisse
1 ungespritzte Zitrone
gestoßener schwarzer Pfeffer

Und so geht's

❶ Kohl, Sellerie, Fenchel und Rüben putzen und alles klein schneiden. Die Artischocken entblättern, das Heu entfernen, den Boden in kleine Tortenstücke schneiden. Die Tomaten überbrühen und häuten. Die Paprika entkernen und klein schneiden. Die Frühlingszwiebeln putzen und in feine Ringe schneiden. Den Knoblauch schälen, halbieren und den grünen Strunk entfernen. Die Limette dick schälen (mitsamt der weißen Haut), würfeln.

❷ Das gesamte Gemüse mit Fenchelsamen und Chilischoten in 2 EL Olivenöl anschwitzen. Mit Meersalz würzen und die Limettenstücke hinzugeben. Mit der Gemüsebrühe auffüllen und bedeckt bei mittlerer Hitze 20 Minuten köcheln lassen.

❸ Die Suppe mit 2 EL Olivenöl binden. Die gehackten Kräuter hinzugeben – dann nicht mehr kochen lassen.

❹ In einen vorgewärmten Suppenteller geben, etwas Zitronenschale darüber reiben und mit wenig frisch gestoßenem schwarzen Pfeffer bestreuen.

Weise Würze

➤ Fenchel: Die kümmelähnlichen Samen schmecken süßlich-bitter und ein wenig nach Anis. Selbst gemahlen schmeckt er am intensivsten. Und der türkische Samen ist der beste. Fenchel beruhigt den Magen, verhindert widrige Winde. Fenchelaufguss lindert Husten.

➤ Chili sorgt für gute Laune. Die Schärfe auf der Zunge schickt eine Botschaft ans Gehirn: Au! Und schon hat der Körper Linderung parat: eine kräftige Dosis Endorphine. Sie dämpfen Schmerzen und stimmen fröhlich. Gute Laune wiederum macht schlank.

Christian Lohse in der Küche der »Windmühle«. Was steckt in der Terrine? Nordafrikanische Kohlsuppe?

Frank Buchholz

Viva Italia! Hier trifft Kohl auf Pecorino und Basilikum.

Er ist der Popstar in unserem kulinarischen Quartett. Bei seinen TV-Auftritten im »Kochduell« präsentiert er seine Liebe zum Beruf. Sein Leitgedanke: »Genuss, der Spaß macht.« Was hält er von Kohl? »Ein Superthema für einen Koch. Ein einfaches Gemüse, das man einfach zubereiten kann. Kohl passt hervorragend in die kreative Küche – die Küche, in der man mit wenig Aufwand viel erreicht. Die ist zum Experimentieren und Ausprobieren da, aber nicht zum Spinnen. Ein guter Kohl braucht keine 50 Handgriffe, um auf dem Teller zu überzeugen. Kommt er vom Biobauern, schmeckt er ohne viel Gewürzzauber. Man kann ihn kurz blanchieren oder anbraten. Aber am liebsten habe ich ihn in der Suppe. Wie hier mit Basilikum. Die beiden harmonieren unheimlich gut. Gute Köche sind übrigens nicht dick, wie man immer meint. Weil sie sich wie ihre Gäste bewusst ernähren.«

Spitzkohlsuppe mit Pecorino und Basilikumöl

Rezept für 1 bis 2 Tage.

Zutaten

1 Bund Basilikum
50 ml Olivenöl
1 kleiner Kopf Spitzkohl oder Weißkohl
250 g Möhren
250 g Sellerie
1 junger Fenchel
Salz, Pfeffer aus der Mühle
800 ml Gemüsefond (aus dem Glas oder selbst gemacht)
80 g Joghurt
Saft von 1 Zitrone
20 g Pecorino am Stück

Und so geht's

1 Basilikum waschen, Blätter abzupfen und mit etwa 40 ml Olivenöl und 1 Prise Salz vermengen. Basilikummischung 10 Minuten im Gefrierfach gut durchkühlen, anschließend mit dem Pürierstab fein pürieren.
2 Inzwischen Kohl, Möhren, Sellerie und Fenchel putzen, waschen und in feine Streifen schneiden. 1 EL Olivenöl in einem Topf erhitzen, Möhren-, Sellerie- und Fenchelstreifen darin anschwitzen und ganz zum Schluss die Kohlstreifen dazugeben. Mit Salz und Pfeffer kräftig würzen und mit Gemüsefond auffüllen.
3 Die Suppe kurz aufkochen, dann den Topf vom Herd ziehen und den Joghurt einrühren. Mit Zitronensaft, Salz und Pfeffer abschmecken und 2–3 Minuten auf der abgeschalteten Herdplatte ziehen lassen.

4 Die Spitzkohlsuppe in Tassen oder in eine Terrine füllen, Pecorino darüber hobeln, dann unterrühren. Mit Basilikumöl beträufeln und servieren.

Weise Würze

➤ Basilikum. War schon den Ägyptern heilig und ist auch heute noch in der ayurvedischen Medizin ein besonderes Kraut. Sein würzig-kühlendes Aroma krönt Mozzarella mit Tomaten oder prägt den berühmten Pesto aus Genua. Es passt aber auch zu weißfleischigem Fisch. Kombiniert man Basilikum mit Kohl und Hülsenfrüchten, haben widrige Winde keine Chance. Genießen Sie Basilikum roh, da es gekocht Aroma einbüßt. Außer der Sorte, die der Supermarkt für uns bereithält, gibt es noch 157 vor allem dekorative Gattungen.

Frank Buch-
holz – ein »jun-
ger Wilder«,
wie aus dem
Buch.

TIPP

Frank Buchholz, einer der »jungen Wilden«, schwingt im elterlichen »Meisterhaus« den Zauberlöffel (in Unna, Telefon: 02303/592889). Seine Magie: Viva Italia – dazu eine ordentliche Portion Deutsches, ein gesundes Maß an Phantasie, gemischt mit neu interpretiertem Traditionsbewusstsein … Wer ihn zu Hause testen will, besorge sich sein Buch mit köstlichen Suppen: »Soup Cult«, Gräfe und Unzer Verlag.

Die »Bauernhochzeit« von Pieter Breughel d. Ä., um 1568. Zu dieser Zeit war Kohl sehr beliebt. Gut möglich, dass auf der Hochzeit unter anderem Kohlsuppe serviert wurde.

Aus den Tränen der Götter

Den Kohl für die magische Suppe haben wir dicken Tränen zu verdanken. Denen von Lykurgos, dem König der Edonier. Er legte sich mit dem Göttervater Zeus an. Der blendete ihn, und aus den Tränen, die Lykurgos vergoss, wuchs die erste Kohlpflanze.

Botaniker glauben nicht so sehr an die Tränen-Geschichte, sie vermuten die historischen Wurzeln eher im Meer- oder Saatkohl. An den rauen Küsten Nordeuropas wuchs dieses unscheinbare, aber recht schmackhafte Blattgewächs schon vor 4000 Jahren. Aus dem Urahn entwickelten sich bis heute die verschiedensten Kohlarten. Ihr lateinischer Familienname lautet *Brassica oleracea,* sie gehören zur riesigen Familie der Kreuzblütler *(Brassicaceae).*

Die alten Griechen und die Römer waren die ersten Kohlbauern. Jahrhunderte später trug ein Römer den Kohlkopf über die Alpen nach Deutschland, wo er im Mittelalter erstmals erwähnt wurde. Er avancierte vom Armeleuteessen über die gutbürgerliche Küche zum Liebling der Nouvelle Cuisine.

Rund 518 000 Tonnen Weißkohl essen die Deutschen pro Jahr: 518 Millionen Kohlköpfe.

Kulinarisch viel diskutiert ...

Seit 4000 Jahren ist Kohl bekannt, und seit 4000 Jahren streiten sich Feinschmecker darüber, ob er wegen seines ruchbaren Odeurs – erst auf, dann unter dem Tisch – auf selbigen gehöre.

Lucius Licinius Lucullus, das Sinnbild des Genießers, meinte: Nein. Dieser für seine Luxusorgien bekannte römische General (117 bis ca. 57 v. Chr.) riet, man solle ihn vom Tisch des ehrenwerten Mannes verbannen.

Einen kleinen Zeitsprung später im Mittelalter war man für Gemüse im Allgemeinen und Kohl im Besonderen auch nicht sonderlich aufgeschlossen. Bei den Medizinern hatte pflanzliche Nahrung keinen guten Ruf. Aus dem einfachen Grund: Sie konnte Kohldampf nicht stillen, galt als wenig nahrhaft. Aber das änderte sich.

... doch man kocht ihn sogar auf dem Mars

Tischfähig machte den Kohl der französische Hofkoch Taillevent im 14. Jahrhundert. Er servierte ihn bei einem Bankett als Hauptgericht. Nahrhaft, vielseitig, aromareich – und schließlich billig –, mauserte sich Kohl zum Volksnahrungsmittel. Der Bauer, der nur zwei Mahlzeiten am Tag zu sich nahm, kehrte nach Brot mit Zwiebel auf dem Feld abends heim – zur Kohlsuppe. Den Nährwert des vital- und ballaststoffreichen Gemüseeintopfs streckte die Bäuerin, wenn sie konnte, mit Milch.

Globetrotter treffen überall auf der Welt auf Kohlsuppe. Zum Beispiel auf russischen Borschtsch; der große russische Dichter und Schriftsteller Puschkin sagte über sein Volk: »Kohlsuppe und Brei, das sind wir.« Auf der Deutschen Lieblingsinsel steht »Sopes Mallorquines« auf der Speisekarte. In Portugal kredenzt man »Caldo Verde«.

Und für Cineasten wächst Kohl auch auf dem Mars. Jedenfalls drehte man einen Film um die köstliche Kugel: »Louis und seine außerirdischen Kohlköpfe« (»La soupe aux choux«, nach dem Roman von René Fallet). Darin pflanzen die beiden Nachbarn Louis de Funès und Jean Carmet Kohl an. Und daraus kochen sie sich Abend für Abend eine Suppe. Der Kohl ist für sie der Diamant unter den Gemüsen. Die Passion des Lebens: Essen und Nörgeln. Die Folge: Flatulenz (Seite 9). Das alles macht einen Marsbewohner neugierig. Der nimmt die Kohlsuppe im Henkelmann mit und trägt fürchterliche Winde ins All ...

Louis de Funès und der Außerirdische löffeln was? Natürlich: Kohlsuppe.

DER MEDIZINBALL

Weißkohl schmeckt, obwohl er ein geballtes pharmakologisches Wunder ist. Seine sekundären Pflanzenstoffe schützen vor allem gegen Krebs.

➤ Indole blockieren in unserem Körper Enzyme, die hormonabhängige Tumoren wie Brustkrebs fördern. Auch seine schwefelhaltigen Sulfide und seine Triterpenoide machen Hormone unwirksam, die im Körper Krebs auslösen können. US-Studien haben gezeigt: Wer einmal pro Woche Kohl isst, senkt auch sein Dickdarmkrebsrisiko – um ein Drittel. Kleine Kohl-Fanatiker senken ihr Risiko sogar um das Doppelte.

➤ Kohl schützt das Herz. Seine Sulfide senken den Blutdruck und lösen Blutgerinnsel auf. Herzinfarkt hat keine Chance.

➤ 1 Liter Weißkrautsaft 2 bis 3 Wochen täglich getrunken, lässt so manches Magengeschwür einfach verschwinden.

➤ Leiden Sie unter Gelenkschmerzen, Halsentzündung oder Insektenstichen? Kohl heilt's. Kohlwickel sind ein altbewährtes Hausrezept. Man walkt ein Kohlblatt mit einer Flasche, bis der Saft aus den Zellen tritt. Das Blatt auf das wehe Gelenk oder den Stich legen und mindestens eine Stunde wirken lassen.

Die Kugel ist wirklich ein Tausendsassa

Kohl ist Glücksbringer, Trostpflaster und Anti-Krebs-Medizin. Oder suchen Sie eher einen Fitness-Trainer? Kohl kann viel. Er ist …

Darm-Entertainer: Wer Kohlsuppe löffelt, deckt mühelos seinen Ballaststoffbedarf. Fünf Teller liefern 30 Gramm Faserstoffe täglich. Sie schleppen Gifte aus dem Darm, senken den Cholesterinspiegel, halten die Verdauung in Schwung. Ohne Kalorien.

Dynamit: Kohl liefert Zink. Das Spurenelement braucht der Körper, um Testosteron zu bilden. Das Hormon der Dynamik, der Aktivität, der Energie. Das männliche Hormon macht auch Frauen zu Überfliegern, nur ist der Blutspiegel bei ihnen zehnmal niedriger als beim Mann.

Energiebündel: Blatt für Blatt steckt voller Mangan. Fehlt das Spurenelement, tritt die Schilddrüse in Streik – unsere Energiezentrale kann ihre Aktiv-Hormone nicht bilden. Schilddrüsenhormone kurbeln den Stoffwechsel an und somit die Fettverbrennung.

Entschlackungskünstler: Kohl ist proppenvoll mit Kalium. Das Mineral dirigiert unseren Wasserhaushalt – und zwar in Richtung gesund und schlank. Es sorgt dafür, dass unser Stoffwechsel im Fluss bleibt, Gifte und Schlacken schnell abtransportiert werden und überschüssiges Wasser den Körper verlässt.

Fitness-Trainer: Magnesium ist zuständig für körperliche und geistige Leistungskraft, für funktionierende Nerven und Muskeln. Magnesiummangel macht müde und schlapp. Magnesium zählt zu den effektivsten Schlankmachern, die wir unter den Mineralien kennen. Der Grund: Ohne Sauerstoff verbrennt kein Fett. Und Magnesium organisiert die Versorgung der Zellen mit Sauerstoff. Den nützlichsten Partner Eisen liefert der Kohl gleich mit. Eisen transportiert den Sauerstoff im Blut.

Glücksbringer: Kohl liefert den Eiweißbaustein Tryptophan. Er beruhigt die Nerven und kurbelt die Bildung des Glückshormons Serotonin an. Auch sein Spurenelement Selen lockt Psychohormone – gute Laune vertreibt die Pfunde.

GLYX-Kugel: Kohl lässt den Blutzucker in Ruhe. Seine Zuckermoleküle zählen zu den »guten« Kohlenhydraten. Kohl hat einen niedrigen GLYX (Seite 44), das heißt, seine Kohlenhydrate locken nur wenig Insulin ins Blut. Schlank-Hormone können ackern, und der Heißhunger bleibt aus.

Kaloriengeizhals: Ein Kohlkopf kann zwar laut »Guinness Buch der Rekorde« über 10 Kilo wiegen, bringt aber kaum Kalorien auf die Waage. Der Grund: Er enthält 90 Prozent Wasser, kaum Fett.

Kristallkugel: Studien zeigen: Ohne Kalzium klappt keine Diät. Ein Geheimnis der magischen Kohlsuppe: Sie liefert das Schlank-

30

In der Kugel steckt Medizin pur. Kaum zu glauben, dass so viel Gesundheit auch noch schmeckt.

Mineral satt. Gesunder Bonus: Kalzium stärkt die Knochen.

Light-Gewicht: Kohl enthält so gut wie kein Fett. Die Quäntchen, die er liefert, sind ungesättigte Fettsäuren. Wir brauchen sie wie Vitamine. Sie senken den Cholesterinspiegel, putzen die Arterien frei. Und sie schmelzen Fett weg: Der Körper braucht sie, um Schlank-Hormone zu bilden.

Mental-Trainer: Kohl schenkt Gehirn und Nerven eine gehörige Portion B-Vitamine. Sie managen den Kohlenhydratstoffwechsel. Kontinuierlich strömt Zucker (Glukose) in das Gehirn, hält fit und leistungsfähig. Und sie helfen dabei, Eiweiß in Muskeln und Hormone umzuwandeln.

Powerkugel: Kohl versorgt den Körper mit pflanzlichem Eiweiß – Baustein für Glücks- und Schlank-Hormone und ein wahrer Fatburner. Eiweiß selbst enthält nur 4 kcal pro Gramm. Und um das Eiweiß vom Teller in Muskeln, Botenstoffe, Abwehrzellen & Co. umzuwandeln, muss der Körper noch Energie zuschießen. Dafür bedient er sich aus den Fettdepots. Ein Plus fürs Abnehmprogramm.

Schlank-Pille: Löffel für Löffel füttert man die Abwehrkräfte mit Vitamin C. Das Multitalent unter den Vitaminen schützt nicht nur alle Zellen, sondern mischt in unzähligen Stoffwechselprozessen mit, auch bei denen, die den Waagenzeiger nach unten bewegen. Vitamin C glättet und strafft das Bindegewebe und sorgt so für schlanke Optik.

Zellschutzmittel: Kohl liefert eine ganze Palette wertvoller Antioxidanzien: Beta-Carotin, Senföle, Vitamin C, Selen. Alle schützen unsere 70 Billionen Körperzellen vor dem zerstörerischen Angriff wild gewordenen Sauerstoffs (freie Radikale). Besonders wichtig beim Entschlacken.

DAS LIEFERT EINE PORTION KOHL (200 G)

Weißkohl ist die Schlank-Pille der Natur. Er geizt mit Kalorien, verwöhnt mit bioaktiven Stoffen, die den Stoffwechsel anfeuern:

Kalorien	49
Eiweiß	2,6 g
Fett	0,4 g
Kohlenhydrate	8,4 g
Ballaststoffe	6,0 g
Natrium	26 mg
Kalium	416 mg
Kalzium	98 mg
Phosphor	58 mg
Magnesium	46 mg
Eisen	1 mg
Beta-Carotin	140 µg *
Vitamin C	94 mg
Vitamin K	160 µg
Vitamin B$_1$	0,1 mg
Vitamin B$_2$	0,2 mg
Folsäure	160 µg
Vitamin B$_6$	248 µg
Mangan	200 µg
Selen	5,01 µg
Zink	448 µg

* µg = Mikrogramm, 1 millionstel Gramm

Quelle: GU Nährwerttabelle

Na? Das sieht doch aus wie der Waschzettel einer Vitalstoffpille.

Kohl's Großfamilie

1 BLUMENKOHL **2** BROKKOLI **3** CHINAKOHL **4** GRÜNKOHL

Sie sind zwar traditionell nicht in der Magic Soup – stehen dem weißen Bruder aber, was Gesundheit und Aromen betrifft, in nichts nach.

1 Blumenkohl

Der Eleganteste in der Kohlfamilie. Bleich von Antlitz und etepetete, was seinen Anbau betrifft: Er wächst nicht überall. Franzosen und Inder verstehen sich auf Anbau und Zubereitung besonders gut. In anderen Kohl liebenden Ländern wird er gerne mit schweren Mehlsaucen misshandelt. Oder so lange gekocht, bis er puddingweich ist. Blumenkohl liebt Küstenklima: Da weht ihm eine kräftige Brise den Tau von der morgendlichen Kohlnase. Das verhindert, dass sich Stockflecken bilden. Blumenkohl gibt es auch farbig: in Italien violett, in den USA mit gelben Blüten, und auch der türmchenartige, grüne Romanesco ist ein Abkömmling des Blumenkohls. Alle sind ganzjährig erhältlich. Die Röschen brauchen zum Garen etwa 3 Minuten, der Strunk

etwas länger. Wegen seiner feinen Zellstruktur liegt er nicht lange im Magen.

2 Brokkoli

Ohne Zweifel der Star in der Kohlküche, er verdrängt andere Brüder gerne vom Speiseplan. Italien ist Haupterzeugerland. Von dort trat der Brokkoli auch seinen Siegeszug durch die Küchen der Welt an. Botanisch gesehen ist er dem Blumenkohl ähnlich. Wir essen nicht die Blätter, sondern die Blütenknospen des mediterranen Gesellen. Weit überlegen ist er seinem bleichen Bruder, was den Nährstoffgehalt betrifft. Brokkoli liefert wertvolles, pflanzliches Eiweiß, Eisen – und die Vitamine A und C in Überflieger-Mengen. Dazu besticht er mit seinem delikaten Geschmack, weswegen man ihn gerne mit Grünspargel vergleicht. Er macht nur ein Problem: Die Röschen sind schon nach 2 bis 3 Minuten gar, die Stiele nehmen sich doppelt so lang Zeit. Die Lösung: Stiele vorher ins Kochwasser geben.

3 Chinakohl

Der asiatische Urahn in der Kohldynastie wird im Reich der Mitte schon seit dem 5. Jahrhundert kultiviert. Er ziert als »Zahn vom weißen Drachen« viele chinesische Speisekarten. Hierzulande lieben ihn vor allem Kohlverächter, denn ihm fehlen der typische Geschmack und die blähenden Eigenschaften seiner Kollegen. Er besitzt keinen harten Strunk, sondern vereint seine länglichen Blätter wie ein Salatkopf. Fans hat er auch hierzulande viele: Erstens liegt er das ganze Jahr über in der Gemüsesteige, zweitens drückt er nicht auf den Magen, drittens stellt er wenig Ansprüche in der Küche: einfach als Salat zubereiten oder 2 Minuten schmoren.

4 Grünkohl

Er stammt aus dem östlichen Mittelmeerraum. Trotzdem avancierte der dunkelgrüne Kohlbruder vor allem in nördlichen Gefilden zum Star. Grünkohlblätter sind kraus und länglich –

5 KOHLRABI **6** ROSENKOHL **7** ROTKOHL **8** WIRSING

33

und eine ernährungsphysiologische Schatztruhe für den Winter. Sie liefern wertvolles Eiweiß, Kalzium und Eisen in großen Mengen sowie die Vitamine Beta-Carotin und C. Grünkohl verliert durch langes Kochen Vitamin C, verfärbt sich braun und wird unansehnlich. Dazu serviert man dann gerne fettes Fleisch und Wurst. Im Oldenburger und Bremer Raum beliebt: »Grünkohl mit Pinkel«. Wem das zu deftig ist, kann Grünkohl 4 Minuten dünsten oder kurz schmoren. Dann bleiben wertvolle Vitalstoffe und der kräftige Eigengeschmack erhalten.

5 Kohlrabi

Seine Herkunft liegt im Dunkeln. Jedenfalls wächst dieser Kohlvertreter gerne in unseren Breiten. Wir essen seinen oberirdisch verdickten Spross und nicht wie bei anderen Kohlsorten die Blätter oder Blüten. Er wird fast ausschließlich in den deutschsprachigen Ländern konsumiert – sein Name wurde sogar in andere Sprachen übernommen. Kohlrabi besticht durch einen mildwürzigen, nussartigen Geschmack. Kaufen Sie Kohlrabi, wenn die Knolle noch nicht ihre volle Größe erreicht hat, dann ist er nicht holzig. Schälen und roh genießen oder in Scheiben geschnitten in 5 Minuten bissfest garen.

6 Rosenkohl

Der Jüngste unter den Kohlgeschwistern entwickelte sich vor etwa 150 Jahren auf belgischen Feldern. Daher sein Spitzname: Brüsseler Kohl. Die kleinen Kohlröschen wachsen an bis zu einem Meter langen, holzigen Stielen und werden sehr jung geschnitten. Die Knospen leuchten im Herbst und Winter in den Gemüsesteigen. Achten Sie auf lindgrüne Exemplare. Gelbe Röschen lagern schon zu lang. Sie bringen dann weniger wertvolle Inhaltsstoffe auf die Waage und schmecken fade. Zum Zubereiten die Stiele kreuzweise einschneiden, damit die Röschen gleichmäßig garen. Nach 15 bis 18 Minuten in sprudelndem Wasser haben sie noch Biss.

7 Rotkohl

Rotkohl oder Blaukraut – das ist hier die Frage. Es handelt sich dabei zweifelsfrei um die gleiche Kohlsorte. Nämlich um Rotkohl, der sich vom Weißkohl nur durch den Gehalt an den violetten Anthozyanen unterscheidet – die wie Vitamin C freie Radikale entschärfen, vor Krebs und vorzeitigem Altern schützen. Beim Kochen bleibt der Kohl weitgehend blau, nur in saurem Milieu, etwa mit einem Schuss Essig, schlägt die Farbe um und wird rot. In 2 bis 3 Minuten ist er gar.

8 Wirsing

Der krause Kohlkopf ist neben Weiß- und Rotkohl die dritte wichtige Kohlart. In der Zubereitung unterscheidet er sich kaum vom Weißkohl. Lediglich der Geschmack ist weniger kräftig, aber würzig. Die dunkelgrünen Außenblätter haben so viel zu bieten wie der Grünkohl, sind kleine ernährungsphysiologische Schatztruhen. Garzeit: 2 bis 3 Minuten.

34

Es gibt keine Ausrede für Suppenkaspars, denn Kohl hat immer Saison.

Spitzkohl ist eine Weißkohlsorte mit spitz zulaufender Form, die im Frühjahr aus französischem Anbau auf unsere Märkte anreist. Er ist zarter, hat ein besonders mildes Aroma – schmeckt gar nicht kohlig – und soll leichter verdaulich sein.

Im April und im Juni herrscht eine kleine Kohlflaute, dafür bieten deutsche Bauern in den restlichen Monaten reichlich Kohl an.

Lassen Sie sich keine alte Kugel andrehen

Die Kohlqualität lässt oft zu wünschen übrig. Wohl wegen seines rustikalen Images behandelt man Kohl bei Ernte und Lagerung nicht gerade mit Glacéhandschuhen. Starköchen kommen nur frisch geschnittene Köpfe vom Feld oder Hausgarten in den Topf. Wegen des besseren Aromas. Das lohnt sich wirklich mal auszuprobieren: Anbautipps finden Sie auf Seite 40. Übrigens: Der im Herbst geerntete, frische Kohl hat das bestechendste Aroma.

Achten Sie beim Kauf auf eine glänzend-frische Oberfläche. Ein helles, elegantes Lindgrün signalisiert: »Ich bin jung.« Und packen Sie den Kohl ruhig an. Frisch ist er nur mit knackigen Blättern – gummiartige Struktur zeigt: ein Methusalem. Auch die Nase sollte mit einkaufen gehen: Lange gelagerter Kohl riecht, milde gesagt, streng. Und der Geschmack? Um es mit den Worten von Starkoch Christian Lohse zu sagen: »Alter überlagerter oder zu Tode gekühlter Kohl schmeckt wie eine alte Männersocke. Morgens geschnitten, sofort verarbeitet hat er einen knackigen, fruchtigen, würzigen, pfeffrigen Ton.«

Die gute Nachricht: Kohl gibt es das ganze Jahr über zu kaufen, Kohl-Lust hat immer Saison. Sie können von Januar bis Dezember Kohlsuppe löffeln. Die schlechte Nachricht: Oft wird einem eine alte Kugel angedreht.

Wann hat wer Saison?

Adventskohl finden Sie von April bis Juni in den Läden, frühen Weißkohl von Juni bis September, Herbstweißkohl von September bis Dezember. Dauerweißkohl wird im November geerntet und hält sich dann in Mieten, Scheunen oder Kühlräumen bis in den Juni hinein.

Seien Sie in der Küche lieb zu ihm

❶ Zuerst unschöne oder zerrissene Außenblätter entfernen. Jedoch nicht zu großzügig, da äußere Blätter mehr wertvolle Nährstoffe horten als innere.

❷ Dann halbieren, vierteln, den Strunk herausschneiden und die Blätter grob zerkleinern.

Den Weißkohl halbieren, vierteln, dann den Strunk herausschneiden.

❸ Nun den Kohl kurz, aber kräftig in einem Sieb abbrausen.

Vor allem, wenn er nicht vom Bio-Bauern stammt, ist er häufig mit reichlich Pestiziden immunisiert. Gründliches Waschen vertreibt auch die auf dem Teller unerwünschten Gäste wie Laus & Co. Bis dahin aber ist es schön, dass sie da sind, sie zeigen: Der Kohl ist frisch und unbehandelt.

Wer ganz sichergehen will, dass sich nichts mehr auf den grünen Blättern tummelt, taucht den Kohl 3 Minuten in ein kaltes Salzwasserbad.

So hält er eine Weile durch

Wenn Sie keinen ganzen Kopf brauchen, dann die Schnittfläche mit einem feuchten Geschirrtuch abdecken und einige Zeit – bis zur nächsten Kohlsuppen-Kochaktion – ins Gemüsefach in den Kühlschrank legen.

Das macht den Kohl nicht fett

Früher wurde dem Kohl arg zugesetzt – viel Fett machte ihn zum Wackerstein im Magen. Wahre Aromen entfaltet er, wenn man ihn »light« behandelt: blanchiert oder dünstet – so dass er noch Biss hat. Und das macht den Kohl nicht fett: ein bisschen Olivenöl.

Blitzschnell gar

Kaum einer weiß, dass Kohl mit dem Kochen wächst – zumindest was seine Gesundheit betrifft: Vitamin C liegt in den Blättern auch in verschlüsselter Form (Ascorbinogen) vor. Kochen zerstört das Zellschutz-Vitamin nicht, sondern weckt es aus seinem Kohlröschenschlaf. Das ist kein Freibrief für Gemüse-Totkocher. Weißkohl gart in 2 Minuten, Spitzkohl sogar noch schneller. Mehr als 20 Minuten in sprudelndem Wasser überlebt auch die Vitamin-Vorstufe nicht. Das Gleiche gilt für das Aufwärmen: Nur kurz, das schont Vitamine. Sie wissen ja, der Volksmund sagt: Aufgewärmter Kohl? Eine längst erledigte Angelegenheit.

TIPP

GERUCHS-PROPHYLAXE

Wenn Sie die typischen Kohlgerüche stören, dann geben Sie einfach einen Schuss Essig ins Wasser. Er neutralisiert die zu kräftigen Duftmoleküle. Die hat der Kohl übrigens seinem reichen Gehalt an Schwefel zu verdanken.

35

Borschtsch ist das Nationalgericht der Russen und Ukrainer.

Kohl ist ein internationaler Geselle, er taucht überall auf – in den Töpfen der Mallorquiner, der Portugiesen, der Russen, in der kreolischen Küche Louisianas und in der Karibik. Hier fünfmal Köstliches aus der Welt des kugelrunden Globetrotters. Nur: Diese Rezepte sollten Sie erst nach Ihrer Diät genießen.

Russland

Borschtsch

Zutaten für 6 Personen

2 l Entenbrühe (ersatzweise Rinderbouillon)
500 g Rote Bete
1 EL Zitronensaft, Rotwein- oder Balsamico-Essig
100 g Zwiebeln
1 Möhre
1 Stange Staudensellerie
200 Gramm Weißkohl
2 große Knoblauchzehen
2 EL Öl
Salz, Pfeffer, Cayennepfeffer
2 Bund Dill
350 g saure Sahne

Und so geht's

❶ Die würzig gekochte Brühe sorgfältig entfetten.

❷ Die Rote Bete schälen, zwei Drittel davon in den elektrischen Entsafter geben und entsaften. Den Saft mit Zitronensaft oder Essig vermischen und beiseite stellen. Die übrige Rote Bete in streichholzfeine Stäbchen schneiden oder auf der Gemüsereibe hobeln.

3 Die Zwiebeln schälen und in feine Halbringe schneiden. Möhre, Sellerie und Weißkohl waschen, putzen und in Streifchen schneiden. Knoblauch schälen und klein hacken.

4 In einem passenden Topf das Öl erhitzen und das Gemüse darin weich dünsten, eventuell löffelweise etwas Brühe zugeben. Nicht zu sparsam salzen, mutig pfeffern und mit etwas Cayennepfeffer schärfen.

5 Wenn das Gemüse fast weich ist, mit der Brühe auffüllen und noch ein paar Minuten köcheln lassen. Dann vom Feuer nehmen und den rohen Rote-Bete-Saft angießen – jetzt auf keinen Fall mehr kochen und die Suppe auch nicht warten lassen.

6 Dill hacken und mit der sauren Sahne getrennt zu der Suppe reichen.

Wer mag, kann vor dem Servieren auch frisch gebratene Entenbrust in die Suppe geben.

Balearen

Sopes Mallor-quines

Mallorquinische Kohlsuppe

Zutaten für 4 Personen

1 mittlerer Kopf Weißkohl, ersatzweise Wirsing
$1/2$ Blumenkohl
2 junge Artischocken
250 g Spargel
250 g grüne Bohnen
2 Tomaten
1 Gemüsezwiebel
2 Knoblauchzehen
125 ml Olivenöl
Salz
Pfeffer
$1/2$ TL rosenscharfes Paprikapulver
$1/2$ TL edelsüßes Paprikapulver
2 EL gehackte Petersilie
250 g trockenes weißes Holzofenbrot vom Vortag, in dünnen Scheiben

Und so geht's

1 Das Gemüse waschen und putzen. Den Weißkohl oder Wirsing in breite Streifen schneiden, den Blumenkohl in Röschen teilen und die Artischocken längs vierteln. Den Spargel und die Bohnen in mundgerechte Stücke schneiden. Die Tomaten überbrühen, abschrecken, enthäuten und würfeln. Die Zwiebel und den Knoblauch schälen und fein hacken.

Mallorquinische Restaurants mit landestypischer Küche haben die Sopes Mallorquines immer auf der Speisekarte.

37

2 In einer Kasserolle das Olivenöl erhitzen, Zwiebel und Knoblauch darin glasig dünsten. Das Gemüse zufügen, kurz andünsten, 1 Liter Wasser angießen. Mit Salz, Pfeffer, Paprikapulver und Petersilie würzen. Zum Kochen bringen und zugedeckt etwa 20 Minuten garen.

3 Eine Tonkasserolle mit den Brotscheiben auslegen. Das Gemüse mit dem Schaumlöffel darauf verteilen, die Brühe darüber gießen. 5 Minuten im vorgeheizten Backofen durchziehen lassen, damit das Brot die Flüssigkeit aufsaugen kann. In der Form servieren.

Das Geheimnis einer guten Caldo Verde: die grünen Blätter des Kohls ganz fein schneiden.

TIPP

KOHL-WAHL

Die Portugiesen haben für ihre grüne Suppe einen eigenen Kohl, den es hier aber leider nicht zu kaufen gibt. Doch Wirsing schmeckt ähnlich. Und Sie können die Caldo Verde genauso gut mit Grünkohl zubereiten.

Portugal

Caldo Verde
Grüne Suppe

Zutaten für 4 Personen

1 kg fest kochende Kartoffeln
2 Knoblauchzehen
1 ½ l Hühnerbrühe
½ Wirsing (etwa 500 g)
Salz, schwarzer Pfeffer
4–6 EL Olivenöl
3 Zweige Koriandergrün

Und so geht's

1 Die Kartoffeln schälen und in Stücke schneiden. Die Knoblauchzehen schälen und hacken. Beides mit der Brühe in einem großen Topf zum Kochen bringen und 15–20 Minuten köcheln lassen, bis die Kartoffeln weich sind.

2 Inzwischen den Wirsing waschen, vierteln und den Strunk herausschneiden. Die Viertel quer in sehr feine Streifen schneiden.

3 Kartoffeln und Knoblauch im Topf zerstampfen oder kurz pürieren. Die Wirsingstreifen dazugeben, erneut aufkochen und etwa 5 Minuten köcheln lassen. Nach Geschmack mit Salz und Pfeffer abschmecken.

4 Die Suppe vom Herd nehmen, das Olivenöl unterrühren. Den Koriander abbrausen, trockenschütteln, die Blätter abzupfen, hacken und obendrauf streuen.

Kreolisch/Karibische Inseln

Soulfood-Topf
mit Kohl

Zutaten für 4 Personen

1 Brathähnchen (etwa 1 kg)
2 EL Limettensaft
1 EL Weißweinessig
1 EL Worcestersauce
$1/4$ TL Thymian
Salz, schwarzer Pfeffer
1 Knoblauchzehe
1 Frühlingszwiebel
2 EL Öl
2 EL Tomatenketchup
$1/4$ l Hühnerbrühe
300 g Weißkohl
2 Eiertomaten
1 Stange Sellerie

Und so geht's

1 Das Hähnchen in Portionsstücke teilen, die Stücke waschen und gut trockentupfen. Für die Marinade in einer großen Schüssel den Limettensaft, Essig, Worcestersauce, Thymian, Salz und Pfeffer verrühren. Die Knoblauchzehe schälen und fein würfeln. Die Frühlingszwiebel waschen, putzen und in feine Ringe schneiden. Beides untermischen, die Hähnchenteile darin wenden und zugedeckt über Nacht in den Kühlschrank stellen.

2 Am nächsten Tag das Öl in einem großen Schmortopf gut heiß werden lassen. Die Geflügelteile aus der Marinade nehmen, trockentupfen, im heißen Öl rundherum in etwa 10 Minuten braun anbraten. Dann herausnehmen.

3 Die Marinade, das Tomatenketchup und die Brühe in dem Topf verrühren. Die Hähnchenteile in die Sauce legen, alles zum Kochen bringen und zugedeckt unter gelegentlichem Rühren etwa 30 Minuten köcheln lassen.

4 Inzwischen den Kohl waschen, putzen und in sehr feine Streifen schneiden. Die Tomaten waschen, vom Blütenansatz befreien und achteln. Den Sellerie waschen, putzen und in feine Scheibchen schneiden.

5 Den Kohl, die Tomaten und den Sellerie zum Fleisch in den Topf geben und alles noch 15–20 Minuten schmoren lassen. Nach Belieben mit Limettenscheiben garnieren und mit gehacktem Selleriegrün bestreuen.

39

Der kreolische Soulfood-Topf freut den Gaumen und wärmt die Seele.

Auf dem Feld holt er sich die Energie der Sonne, die Kraft der Erde – und beides landet in der Suppe.

Nichts schmeckt besser, nichts macht so viel Freude auf dem Teller wie Selbstgezogenes aus dem eigenen Garten – oder vom Balkon. Warum trauen Sie sich nicht an Kohl? Mit der genauen Anleitung von Gartenarchitektin Karin Walz kann nichts schief gehen.

Ein Kind der Sonne

Weißkohl braucht viel Sonne und Wärme. Am liebsten ist ihm im Garten und auf der Terrasse ein sonniger bis halbschattiger Platz. Um seinen großen Hunger nach Nährstoffen und Wasser zu stillen, pflanzt man ihn in tiefgründigen, schweren, gut wasserhaltenden, lehmig-humosen und kalkhaltigen Boden, der reich an Nährstoffen ist. Das geht auch im Pflanztrog. Die Erde besorgt man sich beim Gärtner. Nur keinen Sack »Fertigprodukt« kaufen. Fertigerde hat zu wenig Lehmanteil und bringt höchstens die Geranie zum Blühen.

Wer auf einen Eintrag im »Guiness Buch der Rekorde« spechtet oder mit einem einzigen Kohl die Wochenration für die Kohlsuppen-Diät züchten will, hat nur in einer regenreichen Gegend mit hoher Luftfeuchtigkeit eine Chance – dann werden die Köpfe besonders groß. Und das auch nur, wenn der Pflanzplatz nicht im Regenschatten liegt.

Vom Quickie zum Spätzünder

Es gibt zwei Sorten, den Früh- und den Spätweißkohl. Frühweißkohl sollte sofort auf den Teller. Spätweißkohl lagert zur Gourmetfreude auch über Wochen im Keller.

Für die Schublade Fachwissen: Auf leichten und mittelschweren Böden gedeihen Frühsor-

ten, auf mittleren und schweren Böden die Spätsorten. Fragen Sie mal den Gärtner ums Eck, wie die Erde in Ihrem Garten ist.

Frühweißkohl ist ein Quickie. 60 bis 70 Tage nach der Saat kann man ihn ernten. Spätweißkohl braucht lange, bis er kommt: 140 bis 150 Tage belegt er das Gemüsebeet. Frühweißkohl können Sie Ende Mai bis August ernten, Spätweißkohl ab Ende September.

So wird's was mit dem Kohl

➤ Das Kohlbeet erhält im Herbst eine Vorratsdüngung, bestehend aus Kompost und organischem Dünger.

➤ Säen Sie *Frühweißkohl* im Februar bis März in eine Saatkiste. Stellen Sie diese auf ein Fensterbrett im warmen Zimmer oder in ein Kleingewächshaus. Sobald die Sämlinge gekeimt und kräftiger geworden sind, werden sie in Töpfe mit 6 cm Durchmesser pikiert. 40 bis 50 Tage nach der Aussaat – also ab Ende

März – können Sie die Sämlinge in ein Beet oder einen Trog pflanzen. Pflanzabstand 40 x 40 cm. Wichtig: Eine Abdeckung mit Folie oder Vlies schützt vor kühlen Temperaturen – und Sie können den Kohl früher ernten.

Spätweißkohl können Sie im März oder April ins Frühbeet säen. Oder ab Mai in ein Saatbeet im Freien. Sobald die Jungpflanzen zu einer stattlichen Höhe von 10 bis 15 cm herangewachsen sind, also etwa im Juni / Juli, pflanzt man sie ins Beet, Abstand 50 x 50 cm. Bei geringeren Pflanzabständen wachsen bis zur Ernte nur kleine Köpfe heran.

➤ Die selbst gezogenen (oder auf dem Markt oder beim Gärtner gekauften) Jungpflanzen in tief gelockerten Boden setzen, Kohlwurzeln können die Erde bis zu 150 cm tief durchwurzeln. In das Pflanzloch etwas Algenkalk streuen, dieser beugt der Krankheit namens Kohlhernie vor. Setzen Sie die Pflanzen etwas tiefer in die Erde ein, als sie vorher in den Töpfen standen. Dann bilden sie mehr Seitenwurzeln, und diese sorgen für zusätzliche Nahrung.

➤ Die anfangs großen Lücken können mit Erbsen, Sellerie, Salat, Spinat und Tomaten gefüllt werden. Niemals Kreuzblütler wie Rettich, Radieschen, Kohlrabi, Kopf-, Rosen-, Blumenkohl, Brokkoli dazwischensetzen, sie sind schlechte Nachbarn.

Geben Sie den Pflänzchen Futter

➤ Die wichtigste Pflegemaßnahme ist das Gießen.

➤ Den Boden regelmäßig durch Hacken lockern – dann wächst der Kohl besser. Sobald sich die Kohlköpfe gebildet haben, werden die Pflanzen morgens bei feuchter Witterung einmal gut mit Erde angehäufelt, so dass der Wurzelhals Schatten hat.

Um die Bodenfeuchtigkeit zu erhalten, sollten Sie die Beetoberfläche mit Grasschnitt abdecken. Dies ist besonders bei leichten sandigen Böden wichtig.

➤ Düngen Sie. Weißkohl ist ein Starkzehrer, er entzieht der Erde sehr viele Nährstoffe. Deshalb braucht er beim Heranwachsen 2- bis 3-mal Flüssigdünger: erstmals 4 Wochen nach der Pflanzung und auf jeden Fall zu Beginn der Kopfbildung.

➤ Zur Vermeidung der Kohlhernie Weißkohl nie anbauen nach Rettich, Radieschen, Kohlrabi, Kopf-, Rosen-, Blumenkohl, Brokkoli und den Gründüngungspflanzen Gelbsenf und Ölrettich, alles Kreuzblütlern.

Nun können Sie endlich ernten

➤ Sobald die Köpfe dicht geschlossen sind und sich die Hüllblätter etwas von den Deckblättern des Kopfes abheben: ernten.

➤ Frühe Kohlsorten lassen sich nicht lagern und sollten bald in den Suppentopf.

So ernten Experten sofort für die Küche: Man schneidet den Kopf mit einem scharfen Messer vom Strunk und entfernt die äußeren Hüllblätter. Vorsicht: Weißkohl ist sehr druckempfindlich.

➤ Späte Sorten kann man ab Ende Oktober ernten. Auf den Beeten dürfen sie bleiben, bis der Wetterfrosch Frost meldet. Kohl überwintert gerne im feuchten, luftigen Keller, kühl gelagert. Professionell werden die Kohlköpfe kopfüber in feuchten Sand eingegraben – der Strunk guckt raus.

Ziert auch noch den Balkon: Kohl im Kübel.

41

Start in die magische Woche

> Sie wollen loslegen? Dann picken Sie sich ein Rezept für die ersten beiden Tage heraus, schreiben einen Einkaufszettel, holen die Zutaten, schwingen selbst den Zauberlöffel und kochen einen großen Topf voll magischer Suppe. Aber lesen Sie vorher die folgenden Seiten, damit Ihnen kein Zauberspruch entgeht.

43

Diese Formel ist einfach – und unglaublich wirkungsvoll. Es gibt Lebensmittel mit hohem GLYX. Das ist übrigens die Abkürzung für *Glykämischer Index,* wie der DAX (Deutscher Aktienindex) so etwas wie der Indikator für eine gute Figur. Zu Lebensmitteln mit hohem GLYX zählen Kartoffeln, Zucker, Weißmehl und alle Produkte, in denen diese beiden Stoffe stecken. Lebensmittel mit niedrigem GLYX sind Vollkornprodukte, die meisten Gemüse und Obstsorten und Milchprodukte (siehe Tabelle Seite 45). Essen Sie nun Lebensmittel mit hohem GLYX, lockt das ein Heer von Insulinhormonen ins Blut, die flugs Zucker in die Zellen schaufeln. Der Blutzucker sinkt. Man wird nervös, unkonzentriert – das Gehirn fordert vehement Zuckernachschub.

Im Banne des Zuckers

Sie können gar nicht anders. Das Gehirn zwingt Sie regelrecht, wieder etwas zu essen. Eine Wurstsemmel, einen Schokoriegel … Und prompt erschrickt Ihre Bauchspeicheldrüse und schickt wieder Insulin ins Blut. Das geht den ganzen Tag so. Und solange Insulin im Blut regiert, haben Schlank-Hormone wie das Glukagon keine Chance. Glukagon zieht nur dann Fett zur Verbrennung von Hüfte und Po ab, wenn der Insulinspiegel niedrig ist.

➤ Die Kohlsuppen-Diät holt Sie aus dem Teufelskreis »Zucker/Weißmehl – Insulin – niedriger Blutzucker – Heißhunger« heraus. Sie hält den ganzen Tag über den Insulinspiegel niedrig. Glukagon hat also eine Chance, und die Pfunde purzeln.

Dauerhaft schlank mit dem GLYX

Dies ist die wichtigste Zauberformel, die Sie auch in Ihr künftiges schlankes Leben nehmen sollten. Denn der GLYX bestimmt Ihr Schicksal: dick oder dünn.
Merken Sie sich einfach: Hoher GLYX lockt das Dick-Hormon Insulin, und das Schlank-Hormon Glukagon kann nicht arbeiten.

Was Sie ernten

Wenn Sie auch künftig hauptsächlich Lebensmittel mit GLYX unter 50 wählen, bleiben Sie schlank. Sie finden sie in der Tabelle rechts. Und Sie gewinnen viel. Studien zeigen:

➤ Sie locken nicht das Dick-Hormon Insulin
➤ Der Glukagonspiegel im Blut ist erhöht
➤ Der Heißhunger bleibt aus
➤ Man ist länger satt
➤ Man isst nicht so viel
➤ Mehr Fett wird verbrannt
➤ Und auch das Herz profitiert. Denn hoher GLYX steigert das Risiko für Herz-Kreislauf-Erkrankungen.

Vorsicht vor der Kombination Fett mit GLYX hoch

Lebensmittel mit GLYX über 50 müssen Sie nicht weglassen, das wäre schade, immerhin sind so köstliche, gesunde Lebensmittel wie Melone oder gekochte Möhren darunter. Essen Sie diese seltener, am besten erst nachmittags. Studien zeigen: Die nächste Mahlzeit nach einem Essen mit hohem GLYX ist kalorienreicher. Der Körper fordert mehr Energie. Und: Kombinieren Sie Lebensmittel mit GLYX

44

Kaum zu glauben, aber wahr: Weißbrot mästet den Menschen schlimmer als Zucker, denn es hat einen höheren GLYX.

über 50 nicht mit Fett. Denn dann schlägt sich das Fett erst recht auf den Hüften nieder.

Fertigprodukte enthalten meist die Kombination Fett und Zucker. Setzen Sie diese nur selten auf den schlanken Speiseplan.

Wenn Sie Lebensmittel mit hohem GLYX essen, dann kombinieren Sie diese am besten mit einem Lebensmittel mit niedrigem GLYX. Zum Beispiel Brot mit Tomaten und Salatblättern. Das Stück Schokolade mit einem Apfel.

Vollkornbrot hat vor allem einen niedrigen GLYX, wenn es aus Schrot gebacken ist, und ganz besonders mit Sauerteigführung. Brot aus Vollkornmehl hat einen etwas höheren GLYX, und Weißmehl hat einen hohen GLYX.

Eine gute Nachricht für Pasta-Freunde: Nudeln haben einen niedrigen GLYX.

Auch Fleisch, Geflügel, Fisch, Milch und Milchprodukte belasten den Blutzuckerspiegel kaum (GLYX niedrig).

Aber Achtung, der süße Joghurt aus der Fabrik ist meist ein hoher GLYX-Bringer.

Süßen Sie doch mal mit Fruchtzucker: GLYX niedrig.

LEBENSMITTEL MIT HOHEM GLYX

Brot: sehr weißes Brot (Hamburger) 95, Brezel 85, Bagel 72, Weißbrot (Baguette) 70, Croissant 70

Getränke: Bier (Maltose) 110, Sportlergetränk 78, Colagetränke, Limonade 70

Obst, Gemüse, Hülsenfrüchte: getrocknete Datteln 103, gekochte Saubohnen 80, Kürbis 75, Wassermelone 75

Süßes: Traubenzucker 100, Fruchtgummi 80, Zucker (Saccharose) 70, Jolly Beans 78, Schoko-Karamell-Riegel 70, Kekse 70

Getreide: Schnellkochreis (Instant) 85, Puffreis 85, Cornflakes 85, weißer Reis (Rundkorn) 72, Müsli mit Zuckerzusatz 70, Mais-Chips 75

Beilagen: Backkartoffeln 80, Bratkartoffeln 95, Pommes frites 75, Kartoffelpüree 70, Hirse 71

LEBENSMITTEL MIT MITTLEREM GLYX

Brot: Weizenbrot (Vollkornmehl) 69, Mischbrot 65

Obst, Gemüse, Hülsenfrüchte: Rosinen 65, Rote Bete 65, gekochte Karotten 61, Ananas 60, reife Bananen, Honigmelone 60, Aprikose 57, Mais 55, Kiwi, Mango, Papaya 55

Süßes: Konfitüre 65, Honig 59, Akazienhonig 32

Getreide: Couscous 65, Langkornreis 60, weißer Grieß 55, brauner Reis 55

Beilagen: Pellkartoffeln 62, weiße Spaghetti, weich gekocht 61

LEBENSMITTEL MIT NIEDRIGEM GLYX

Brot: Pumpernickel 51, Vollkornschrot- oder Kleiebrot 50, Roggenbrot Sauerteig 48

Getränke: Orangensaft 46, Apfelsaft 40, frischer Fruchtsaft ohne Zucker 45, Sojadrink natur 31, Apfelschorle 20, Gemüsesäfte (außer Karotte, rote Bete) 15

Obst, Gemüse, Hülsenfrüchte: Erbsen aus der Dose 50, Süßkartoffel 61, Trauben 45, Pfirsich 42, Apfel 38, Pflaume 39, Birne 38, rote Bohnen 40, getrocknete Aprikosen 31, andere frische Früchte 10–40, rohe Karotten 16, Trockenbohnen 30, braune/grüne Linsen 30, Kichererbsen 40, grüne Bohnen 40, Grapefruit 25, Sauerkirschen 22, rote Linsen 26, Soja, Erdnüsse 15, frische Aprikosen 57, Pilze 15, die meisten Gemüse ‹15

Süßes: Bitterschokolade (mehr als 70 % Kakaoanteil) 22, Fruktose 20

Getreide: Ballaststoff-Flakes (All bran) 51, Haferflocken 40, Vollkornteigwaren (al dente) 35, Vollkornmüsli ohne Zucker 40, Wildreis 40, Quinoa 35, Gerste 32

Sonstiges: Milchprodukte 30, Fruchteis ohne Zucker 35

STRESS MACHT DICK

Stress ist der schärfste Dickmacher, den wir kennen. Das Stresshormon Cortisol regt nämlich den Appetit an. Und Stressgefühle kann man mit Süßigkeiten dämpfen. Der Schokoriegel bremst die Ausschüttung weiterer Stresshormone. Leider nur für kurze Zeit, weshalb man schnell zum Keks greift. Gut für die Linie: Atmen Sie den Stress weg.

Atmen macht schlank? Hokuspokus, denken Sie? Nein. Eher Wissenschaft. In den kleinen Kraftwerken der Zelle, den Mitochondrien, lodert nur ein Feuer, das Fett verbrennt, wenn ausreichend Sauerstoff es anfacht (Seite 10). Das tut es selten. Sie sitzen und klemmen Ihre Lunge ein. Sie atmen flach. In die Brust, nicht tief in den Bauch hinein. Das sehen Sie daran, dass sich Ihr Brustkorb hebt und senkt. Statt wie Profisportler mit acht Litern pro Atemzug das Feuer in den Zellen anzufachen, schicken Sie zwei windige Liter zu Ihren 70 Billionen Körperzellen. Nur ein Viertel dessen, was die Zellen hyperglücklich macht. Trachten Sie einfach nach: mehr.

Ihr Körper reagiert sauer

Statt Fett werden hauptsächlich Kohlenhydrate verbrannt, saure Stoffwechselprodukte entstehen. Der Körper übersäuert, verschlackt (siehe auch Interview Seite 15). Ihr Körper speichert mehr Wasser, um die Gifte zu neutralisieren. Und bunkert das Fett auf den Hüften. Heizen Sie einfach Ihr Stoffwechselfeuer im Inneren Ihrer Körperzellen wieder an. Atmen Sie. Atmen Sie tief in den Bauch hinein. Dann entschlacken Sie Ihren Körper und schmelzen Fett weg. Und entspannen auch noch dabei.

Die Komplexe Atemübung

➤ Der Test: Legen Sie Ihre Hand erst einmal auf den Bauch. Dann atmen Sie tief nach unten bis in den Po hinein. Spüren Sie, wie Ihr Bauch sich bläht, wie viel Lebenselixier Sie in Ihren Körper schicken?

➤ Der Rhythmus: Atmen Sie tief ein, bis es spannt – und dann die Luft locker auspfeifen, fff…, bis Sie leer sind. In jeden Atempunkt von Schultern bis Rücken (siehe unten) 4-mal hineinatmen.

➤ Die Frequenz: Machen Sie diese Übung 3- bis 4-mal pro Tag. Am besten am geöffneten Fenster. Starten Sie morgens. Und noch ein Tipp: Auch wenn Sie gestresst sind, sollten Sie die Atemübung machen – oder wenigstens Teile davon. Denn sie bläst den Stress weg. Und Stress ist nun mal einer der ärgsten Dickmacher, die wir kennen.

Und so geht's

➤ Bei der komplexen Atmung geht es darum, alle Bereiche unserer Lunge zu erkunden und zu aktivieren, um mehr Sauerstoff ins Blut zu pumpen. Sie heizen nicht nur die Fettverbrennung an, sondern gewinnen auch eine aufrechte Haltung und ein intensiveres Selbstbewusstsein.

❶ Legen Sie die rechte Hand an die linke Schulter, schauen Sie auch dorthin und atmen Sie tief in diese linke Schulter hinein. Und aus. Und ein und aus – 4-mal. Oder zum Eingewöhnen: sooft Sie wollen. Bisher haben Sie vielleicht gedacht: Man atmet halt den Ballon voll und wieder leer. Und jetzt merken Sie, dass Sie den Atem tatsächlich zu einem bestimmten Punkt dirigieren können, wenn Sie sich darauf konzentrieren.

❷ Mit der rechten Schulter machen Sie das Gleiche: linke Hand dranlegen, hinschauen, in die Lungenspitze dort oben drin reinatmen, dass es sich schön bläht. Hand und Blick sind wichtig für die Konzentration auf diesen Punkt. Sie dürfen die Schulter ruhig ein bisschen bewegen, um den Weg für die Luft frei zu machen. 4-mal einatmen, Luft anhalten, und ausatmen, anhalten – beides so tief Sie können, bis es ein bisschen spannt.

3 Nun atmen Sie tief ins Zwerchfell hinein, einfacher gesagt: in den Bauch. Legen Sie beide Hände auf den Bauch, unter dem Nabel. Und nun pumpen Sie die Luft dorthin, bis der Bauch fast platzt. Und schnaufen so lange aus, bis kein Krümelchen Luft mehr in Ihnen drin ist. Wenn Sie den Rumpf dabei ein wenig winden und schütteln, quetschen Sie sie heraus, wie Sie einen Waschlappen auswringen. 4-mal ein und aus, ganz tief unten hinein.

4 Jetzt atmen Sie in die Brustspitze, in den Punkt auf halbem Wege zwischen Solarplexus und Kehle. Fingerspitzen dorthin legen, Luft holen: Sie spüren, Ihr Brustkorb wölbt sich kraftvoll auf – Sie dürfen sich 4 tiefe Atemzüge lang ruhig wie Arnold Schwarzenegger fühlen.

5 Und noch ein paar Pumpenzüge Muskelmann-Feeling: Halten Sie die Daumenspitzen an die Flanken Ihres Rumpfes, zwischen Achsel und Hüfte. Atmen Sie gleichzeitig in diese beiden Seiten hinein. Gar nicht ganz einfach. Aber jetzt merken Sie, warum die komplexe

Atmung »komplex« heißt: Sobald die Lunge sich in Ihnen breit macht, bäumt sich der ganze Leib zu seiner wahren Größe auf, als brauchten Sie keine Wirbelsäule mehr, sondern würden schweben wie ein Ballon.

6 Wenn Sie wollen, kosten Sie dieses Gefühl noch aus, indem Sie in den Rücken hineinatmen, und zwar in den Punkt zwischen den Schulterblättern. 4-mal den Glöckner von Notre-Dame, und Sie strotzen vor Ruhe und Selbstbewusstsein.

Diese komplexe Atmung (und Teile davon) können Sie überall machen: auch während des Spaziergangs mit dem Hund, im Büro, wenn's stressig ist, und beim Warten an der Bushaltestelle, wenn niemand guckt …

Atmen Sie – für eine bessere Haltung, optimale Fettverbrennung, stabiles Selbstbewusstsein.

1 **3** **4** **5**

Fett die Hälfte

FdH steht hier für »Fett die Hälfte«. 142 Gramm essen wir im Schnitt täglich. Rund 1300 kcal. Nur die Hälfte davon vertragen Vielsitzer und Kopfarbeiter. Die andere Hälfte schlägt sich auf den Hüften nieder. In $3\frac{1}{2}$ Tagen ist das nach Adam Riese ein ganzes Butterpäckchen. 250 Gramm Fett mehr auf den Rippen. Diese Woche mit der magischen Kohlsuppe sparen Sie Fett ein. Sehr viel. Das schadet Ihnen nicht. Denn tierisches Fett braucht Ihr Körper nicht. Ausnahme: Fisch. Nur pflanzliches Fett ist wichtig für Sie, so wichtig wie Vitamine. Ohne Fett bilden Sie paradoxerweise nämlich auch keine Schlank-Hormone. Wie man in den USA deutlich sehen kann: Dort wird seit 30 Jahren »light« gegessen – und die Menschen werden dicker und dicker. Also: Auch vor Fett müssen Sie sich nicht fürchten. Nur zu viel ist eben zu viel. Wenn Sie künftig tierisches Fett einsparen und Ihre 70 Gramm Fett zum Großteil aus pflanzlicher Quelle wählen, kommen mühsam verlorene Pfunde auch nicht wieder. Nehmen Sie zum Kochen und Braten am besten hochwertige, kaltgepresste Pflanzenöle (Olivenöl & Co.).

Picken Sie einfach die mageren Alternativen aus der großen Tabelle rechts – die können Sie nach der Diät getrost essen. Und tappen Sie nicht in jedes Fettnäpfchen. Und wenn es mal ein Fettnäpfchen sein soll – dann kombinieren Sie es einfach nicht mit Lebensmitteln mit hohem GLYX. Magische Fettspartipps finden Sie auf Seite 109.

Pflanzenöle: nicht mehr und nicht weniger als köstliche Medizin.

PICKEN SIE SICH DIE LEICHTGEWICHTE RAU

Fettnäpfchen	Magere Alternativen
Fleisch, Geflügel und Wurst	
Wiener Würstchen 24 *	Schinken, geräuchert, ohne Fettrand 3
Fleischwurst 29	Geflügelwurst 5
Fleischkäse 28	Corned Beef 6
Jagdwurst 16	Schweinefilet, -schnitzel 2
Leberwurst, grob 29	Roastbeef, Rind 5
Bierschinken 11	Rinderfilet 4
Bratwurst 29	Rinderleber 2,1
Leberwurst, mager 21	Kalbsfilet 1
Mettwurst 37	Kalbsschnitzel 2
Münchner Weißwurst 27	Putenbrust 1
Salami 33	Hähnchenbrust ohne Haut 1,5
Schinken, gekocht 13	
Speck, durchwachsen 65	Hase 3
Schweinebauch 21	Rehrücken 4
Schweinekotelett 8	
Rinderhack 14	
Rinderhals 8	
Ente 17	
Gans 31	
Suppenhuhn 20	
Lammkeule 18	
Lammkotelett 32	
Milchprodukte	
Butter 83	Buttermilch 0,5
Schlagsahne 31,7	Trinkmilch, fettarm 2
Saure Sahne extra 18	Kefir 3,5
Schmand 24	Magermilch-Joghurt 0,1
Crème fraîche 40	Kondensmagermilch 0,2
Eiscreme 20	Molke 0,2
Doppelrahmfrischkäse 28	Körniger Frischkäse 2,9
Frischkäse (60 %) 23	Schichtkäse (10 %) 2
Mascarpone 47,5	Speisequark mager 0,3
Bavaria blu, Cambozola (70 %) 40	Harzer, Korbkäse, Mainzer
	Handkäse 0,7

Alle Angaben in Gramm, bezogen auf 100 Gramm Lebensmittel.

Fettnäpfchen	Magere Alternativen
weiter: Milchprodukte	
Edelpilzkäse (50 %) 39	Romadur (20 %) 9
Camembert (60 %) 33	*alle Käse bis 30 % Fett i.Tr.*
Gruyère (45 %) 32,3	Romadur (30 %) 14
Appenzeller (50 %) 31,6	Edamer (30 %) 28
Emmentaler (45 %) 30	Limburger (20 %) 9
Bergkäse (45 %) 30	Parmesan (32 %) 25
	Ziegenkäse (45 %) 21
	Tilsiter (30 %) 16
	Feta (40 %) 16
Backwaren und Knabberei	
Nusskuchen 29	Russisch Brot 0
Sahnetorte 25	Eiswaffeln 5
Schokowaffeln 33,5	Löffelbiskuits 5
Blätterteig 25	Apfel-Hefe-
Schokomüsli 11,5	kuchen 3
Kartoffelchips 39,4	Salzstangen 5
Pommes frites 14,5	
Tortilla-Chips, Nachos 24	
Erdnussflips 28	
Süßes	
Brotaufstrich auf Nuss-	Honig, Gelee, Frucht-
basis 31	aufstrich 0
Vollmilchschokolade mit	Fruchtgummi 0
Marzipan, Nougat 25	1 Stück Solero 3
1 Magnum 20	1 Stück Schokokuss 3
1 Bounty-Kokosriegel 15	1 Stück Milky Way 3
Fette	
Margarine 80	Pflanzenöle, z. B. Olivenöl,
Halbfettmargarine 40	Raps-, Weizenkeim-, Son-
Mayonnaise	nenblumenöl: Trotz ca.
(80 %) 78,9	99,5 g Fettgehalt zählen sie
Butterschmalz 99,5	wegen ihrer gesunden Fett-
Schweineschmalz 99,9	säuren zu den Fatburnern

Fettnäpfchen	Magere Alternativen
Fisch	
Brathering 15	Kabeljau 0,6
Bismarckhering 16	Tintenfisch 0,8
Lachs 14	Flussbarsch 0,8
Makrele, geräuchert 16	Hecht 0,9
Thunfisch in Öl 21	Zander 1
Aal 24	Seezunge 1
Schillerlocken 24	Seelachs 1
	Languste 1,1
	Austern 1,2
	Miesmuscheln 1,3
	Garnelen, Scampi 1,4
	Hummer 1,9
	Scholle 2
	Seelachs, geräuchert 0,8
	Forelle 3
	Rotbarsch 4
	Rotbarsch, geräuchert 5,5
Sonstiges	
Erlaubt – aber nicht	Obst, Gemüse und Hülsen-
zu viel:	früchte enthalten Fett nur
Avocado 23,5	in Spuren.
Olive schwarz/grie-	*Essen Sie fünf große*
chisch 36	*Portionen pro Tag!*
Haselnüsse 36,5	
Erdnüsse 49	Tofu 5,0
Erdnussmus 47,8	Hühnerei 5,2
Haselnüsse 61	Mineralwasser 0
Macadamianüsse 73	
Pekannüsse 72	
Walnüsse 62	

Fett kann man gut sparen: Wer statt Bratwurst Puten-brust isst, hat 28 Gramm Fett gespart. Greifen Sie zu mageren Alternativen. Das gilt allerdings nicht für Fisch: Essen Sie zwei-mal die Woche Seefisch, er liefert wertvolle Fettsäuren.

49

Sicher kennen Sie Asterix und Obelix. Dann natürlich auch den Druiden Miraculix. Ob Sie es glauben oder nicht, die Hauptingredienz in seinem Zaubertrank ist Eiweiß (nicht den Römern erzählen!). Eiweiß ist der Stoff, aus dem Muskeln bestehen. Deswegen macht der Zaubertrank stark. Und er schmilzt Pfunde weg. Wenn Sie Eiweiß essen, schießt Ihr Körper zur Verwertung des Powerstoffes Energie zu, und dazu bedient er sich aus den Fettpölsterchen.

Nur: Wer unter Eiweiß Wurst und Braten versteht, bleibt dick. Wie Obelix, der unter Eiweiß Wildschweinbraten versteht.

Schlank mit Eiweiß

Schlanke Eiweißpower: Fisch und Meerestiere, Hüttenkäse, magere Milchprodukte, Hülsenfrüchte, Geflügel. Und dazu sollten Sie nach Ihrer Diät viermal täglich greifen. Und wenn Sie das nicht können, dann shaken Sie sich wenigstens einmal am Tag einen Eiweißdrink (Seite 62; Konzentrat gibt's in der Apotheke). Denn um schlank und gesund zu bleiben, brauchen Sie 50–100 g Eiweiß pro Tag. Und es ist gar nicht so leicht, seine Eiweißtanks gesund zu füllen.

Keine Zeit, Fisch zu kochen? Ein Eiweiß-Shake liefert wertvolles Eiweiß ohne Fett.

MAGERE EIWEISSQUELLEN

	Fett g/100 g	Eiweiß g/100 g		Fett g/100 g	Eiweiß g/100 g
Fisch			**Milchprodukte**		
Forelle	2,0	20,0	Buttermilch	0,6	3,3
Garnelen	1,8	18,0	Hüttenkäse	2,0	14,4
Heilbutt	2,0	20,0	Magerjoghurt	0,3	4,0
Kabeljau, Seelachs	0,3	17,0	Magermilch	0,3	3,3
Krebsfleisch	2,0	19	Magerquark	0	13,0
Schellfisch	0,3	17,0	Sauermilchkäse		
Steinbeißer	4,4	22,0	(Harzer, Korbkäse)	0	27,0
Rotbarsch	3,6	18,0			
Scholle	1,0	17	**Pflanzen**		
Seezunge	1,0	18	Bohnen, weiß	2,0	22,0
			Brokkoli	0	3,5
Fleisch			Grünkohl	1,0	4,5
Huhn, Brust, ohne Haut	0,9	22,8	Linsen	1,0	23,0
Kalbsfilet	1,0	21,0	Sojabohnensprossen	1,5	6,0
Putenschnitzel	1,0	30	Steinpilze	0,5	3,5
Reh, Keule	2,0	27,0			
Rind, Keule	8,0	20,0			
Tatar	4,0	20,0	**Sonstiges**		
Wildhase	3,0	22,0	Eiklar (35 g)	0	4,0

5: Schmauen

Jürgen Schilling ist Schauspieler. Einst war er ein gewichtiger Schauspieler. Und seine Mutter hatte eine ebenso gewichtige Promenadenmischung, Lola. Eines Tages fütterte ihr Jürgen Schilling trockene Brotkanten. An diesen kaute Lola gerne herum – und merkwürdigerweise nahm der Dickmops rapide ab.

Daraufhin beschloss Jürgen Schilling, diese neue Form der Diät auch an sich selbst auszuprobieren. Kaute dynamisch, intensiv, lusterfüllt und verlor 30 Kilo. Kein Spaß. Ernste Wissenschaft. Schilling recherchierte neun Jahre an diesem Thema und schrieb ein Buch darüber: »Kau dich gesund!« Es bildete sich eine Kau-Fangemeinde – darunter renommierte Ärzte und Wissenschaftler.

Schmauen Sie sich schlank ...

Jürgen Schillings totale Absage an das hektische Schlingen: Schmauen. Schmauen ist die Verschmelzung von Schmecken und Kauen.

Schmauen heißt, alle Lust und Leben spendenden Stoffe aus dem Bissen zu ziehen, wie die Biene den Nektar aus der Blüte zieht, bis sich die Nahrung wie ein Stück Zucker im Speichel verflüssigt hat und jedes einzelne Aroma Zeit hat, den Gaumen zu verführen.

➤ Probieren Sie es aus. Gleich am ersten Tag Ihrer Diät, mit einem Stück Obst oder Gemüse. Kauen Sie so lange, bis es flüssig ist. Und spüren Sie, wie sich die Aromen entfalten.

... und gesund

800-mal am Tag schlucken wir hastig und vernachlässigen die Verdauung im Mund. Sie entscheidet aber über Gesundheit und Krankheit.

Der Forscher Boorhave wusste schon 1740: »Wie die Speise im Mund beschaffen ist, so ist der Darmsaft; wie der Darmsaft beschaffen ist, so ist das Blut; wie das Blut beschaffen ist, so ist das Fleisch.« Krank und mit Fett durchsetzt, wenn man die Mundverdauung überspringt. Denn wenn man schlingt, siedelt sich im Bauch ein Komposthaufen an, in dem es gärt und fault. Giftstoffe entstehen, die den ganzen Organismus schädigen.

Sie wollen keinen Komposthaufen im Bauch? Dann essen Sie einfach langsamer. Sie müssen keine Wiederkäuerausdauer zeigen, aber kauen Sie mehr und lassen Sie Verdauungsenzymen und -säften Zeit, ihre Arbeit zu verrichten. Dann kommen auch alle wertvollen Nährstoffe dort an, wo sie gebraucht werden.

Gemüse entfaltet sein köstliches Aroma erst so richtig, wenn Sie es genüsslich kauen. Und viel bekömmlicher ist es dann sowieso.

51

Tee wärmt von innen und liefert Vitalstoffe, die schlank machen. Und wer schon morgens Mineralwasser mit Zitrone trinkt, fördert nicht nur den Fettabbau, sondern auch die Konzentration.

Pölsterchen wegspülen

Wir kommen aus dem Wasser und bestehen aus Wasser – zumindest zu zwei Dritteln. Die Flüssigkeit, die wir täglich zu uns nehmen, hält alle unsere Körperfunktionen am Laufen. Denn Wasser belebt Herz, Kreislauf und Niere, entgiftet den Körper, kühlt bei Hitze, schmiert Gelenke und ist Lösungsmittel für all die Nährstoffe, die unsere 70 Billionen Körperzellen versorgen.

Um alle Organe optimal zu versorgen, empfehlen Mediziner: mindestens 1,5 Liter Flüssigkeit täglich. Nur: Dann läuft der Stoffwechsel auf dem untersten Level. Sie brauchen die doppelte Menge, 3 Liter täglich. Mit viel Flüssigkeit helfen Sie Ihrer Niere beim Entgiften. Die vielen Ballaststoffe, die Sie mit der Kohlsuppe aufnehmen, passieren leichter den Darm. Die Haut wird rosig, gut durchblutet und strafft sich. Und Studien zeigen: Wer nicht genug trinkt, wird dick. Man drosselt den Stoffwechsel um 2 bis 3 Prozent. Das macht im Jahr ein Kilo mehr auf den Rippen. Zudem bremst Trinken den Hunger aus.

Und wenn Sie Fett verbrennen – das tun Sie ja bei der Kohlsuppen-Diät –, entstehen saure Nebenprodukte, freie Fettsäuren. Die Niere transportiert die Fettsäuren umso schneller ab, je besser sie mit Wasserenergie angetrieben wird.

Viel trinken, aber was?

➤ Meiden Sie gezuckerte Soft Drinks und Fruchtnektare. Denn die haben einen hohen GLYX, schüren den Heißhunger und wandern unweigerlich in Form von Fett auf die Hüften. Apfelsaftschorle (gibt's erst nach der Diät) sollte zu zwei Dritteln aus Wasser bestehen, damit Sie nicht in die Kalorienfalle tappen.

➤ Alkohol arbeitet beim Abnehmen gegen uns. Denn Alkohol enthält 7 Kalorien pro Gramm. Die Alkoholenergie baut der Körper bevorzugt in Fettgewebe um. Und solange die Leber mit Alkohol beschäftigt ist, bleibt das Fett auf den Hüften liegen. Nichts spricht gegen ein lebensverlängerndes Gläschen Wein am Abend – nach der Kohlsuppen-Woche.

➤ Hoch die Tassen gilt für Tee – in allen Varianten. Nur Schwarztee sollten Sie in Maßen trinken. Das darin enthaltene Koffein feuert die Niere zu vermehrter Ausscheidung an und zehrt an der Wasserbilanz. Grüner Tee liefert zwar auch Koffein, aber in wesentlich geringeren Mengen. Dazu versorgt uns das chinesische Allheilmittel mit Mineralien und sekundären Pflanzenstoffen, die unsere Zellen schützen und den Stoffwechsel beleben. Auch Kräutertees sind Streicheleinheiten für den Körper. Wechseln Sie ab und brühen Sie die Heilwässer nicht zu stark auf, denn die meisten Kräuter haben pharmakologische Wirkungen. Johanniskrauttee beispielsweise kann an den Dinner-Canceling-Tagen (Seite 89) das Verdauungssystem beruhigen – und wird regelmäßig getrunken zur Behandlung von depressiven Verstimmungen eingesetzt. Kümmeltee vertreibt Blähungen.

(Seite 89)

TIPP

TRINKREGELN FÜR DIE MAGISCHE WOCHE

➤ Täglich 3 Liter Wasser und Kräuter-/ Früchtetee trinken.

➤ Stellen Sie sich an alle Orte, die Sie tagsüber passieren, 1 Flasche stilles Mineralwasser und 2 Zitronen.

➤ Tanken Sie den Fatburner Vitamin C: in jedes 0,4-l-Glas Wasser $1/2$ Zitrone pressen.

➤ Lösen Sie täglich je 1 Kalzium- und Magnesium-Brausetablette auf. Erstere, weil Sie zurzeit wenig Milchprodukte essen, Letztere polstert Ihre Nerven, aktiviert Ihre Muskeln und hilft beim Abnehmen.

➤ Kaffee nur in Maßen: täglich höchstens 2 Tassen. Kein Alkohol!

➤ Bauen Sie nach der Magic-Soup-Woche vermehrt Suppen in Ihren Speiseplan ein. Das bessert auf schlanke, wärmende Weise Ihr Flüssigkeitsbudget auf.

➤ Ein Hoch auf Gemüsesäfte: Täglich 1–2 Gläser verwöhnen mit Vitalstoffen satt und schlagen sich mit gerade mal 20 Kalorien auf die Energiebilanz nieder.

Wenn Sie Kaffee trinken, dann trinken Sie die doppelte Menge Wasser mit Zitronensaft dazu. Denn Kaffee entwässert den Körper. Das Gleiche gilt für Wein.

Laufschuhe, Hanteln, Flexband helfen Ihnen dabei, ein völlig neues Körpergefühl zu entdecken.

54

Die schlechte Nachricht: Im Sessel tut sich nichts. Wer nicht will, dass Pfunde schneller wieder kommen, als sie gehen, der muss sich bewegen. Die gute Nachricht: Nichts ist schöner, als seinen faulen Körper zu aktivieren. Das heißt auch: ihn spüren. Nicht etwa, wie er zwickt und zwackt, sondern wie er Sie glücklich, agil und zufrieden macht. Die zweite gute Nachricht: Ein bisschen Bewegung reicht schon. In Laufschuhen morgens ein wenig Ausdauer beweisen und nachmittags 10 Minuten Krafttraining für mehr Muskeln.

Bewegung statt Jo-Jo-Effekt

Jede Diät schraubt den Stoffwechsel herunter – bis zu 50 Prozent. Bekommt er weniger Kalorien, verbrennt Ihr Körper auch weniger. Und weil er nach der Diät nicht gleich kapiert: »Hungersnot vorbei«, schraubt er den Stoffwechsel nicht sofort wieder rauf. Sondern hortet Kalorien für die nächste Notzeit. Wer genauso weiterisst wie vor der Diät, nimmt schnell wieder zu und wiegt bald mehr als zuvor. Das nennen Experten den Jo-Jo-Effekt. Und genau da greift Bewegung an: Sie verhindert, dass der Stoffwechsel runterfährt. Im Gegenteil: Sie kurbelt das Rad der Energie noch an, für den ganzen Tag, auch wenn Sie nach der Laufrunde grübelnd am Schreibtisch sitzen.

➤ Sport hält den Körper davon ab, auf sein Notprogramm zu schalten. Aber nicht die Wochenstunde an der Kraftmaschine, sondern nur regelmäßiger Ausdauersport: Am besten sind Laufen oder Walken oder fröhlich auf dem Trampolin springen.

Vorsicht Muskelschwund

Während einer Diät knabbert der Körper seine Eiweißvorräte an, er futtert sich selbst Muskeln weg – und damit seine Fettverbrennungsöfchen. Das können Sie einfach verhindern: mit Eiweiß und Bewegung. Eiweiß liefert die Bausteine für die Muskulatur, und ein sanftes Muskeltraining baut Muskeln auf.

➤ Wer sich anstrengt und gehetzt Sport treibt, verbrennt vor allem Kohlenhydrate, da nicht genügend Sauerstoff zu den Körperzellen kommt. Ohne Sauerstoff kann der Körper nur Zucker zur Energiegewinnung heranziehen. Anders bei sanfter Bewegung. Wer entspannt trainiert, füttert seine Körperzellen mit ausreichend Sauerstoff. Die Muskeln verbrennen Fett. Und das holen sie sich aus den Depots von Hüfte, Bauch und Po.

Laufen Sie den Pfunden davon

Der effektivste Fettverbrenner steckt in Laufschuhen. Egal, ob Sie joggen oder walken, Sie setzen 70 Prozent Ihrer Muskeln ein, Fett von den Hüften zu schaufeln. Am produktivsten arbeiten Ihre kleinen Fettverbrennungsöfchen morgens, wenn Sie nüchtern laufen. Denn nachts hat das Wachstumshormon Fettmoleküle freigesetzt, die nur darauf warten, von den Muskeln in Energie umgewandelt zu werden, statt wieder auf den Hüften zu landen. Und das passiert am besten morgens, nüchtern, wenn kaum Zucker im Blut schwimmt.

Und so geht's

Besorgen Sie sich gute Laufschuhe und eine Pulsuhr, die Sie piepsend warnt, wenn Sie zu schnell laufen, wenn Ihr Körper von Fettverbrennung auf Kohlenhydrate umschaltet (ganz grob bei Puls 130, genau bestimmt das der Sportmediziner mit einem Laktat-Test). Lassen Sie sich dieses etwas komplizierte Gerät im Sportfachgeschäft aber genau erklären.

Machen Sie 5–10 Minuten lang Dehnübungen.

Und dann walken Sie los. Mit strammem Schritt und kräftiger Armunterstützung (siehe Foto). Mit einer Fatburner-Frequenz von 100–120 Schritten pro Minute walken Sie 30 Minuten durch.

Sie wollen lieber laufen – und haben es seit Ihrer Kindheit nicht getan? Kein Problem:

Traben Sie 1 Minute lang los. Und dann gehen Sie wieder, bis der Puls sich erholt hat. Am nächsten Tag probieren Sie, ob es vielleicht schon 2 Minuten geht. Ganz langsam laufen. Wird's Ihnen zu viel, gehen Sie wieder, bis sich der Puls beruhigt hat. Wenn Sie nun täglich 1 Minute länger joggen, laufen Sie bald 30 Minuten am Stück. Sie glauben es vielleicht nicht, aber viele können das sofort, indem sie einfach mit dem richtigen Puls laufen, (Büchertipp Seite 114).

Das Richtige für Faultiere: Trampolin

Rebouncing sagt man neuerdings zum fröhlichen Hüpfen auf dem Trampolin. Das Minigerät mit Sprungmatte ist nach den Laufschuhen zweite Wahl – aber nicht minder effektiv. Im Gegenteil. Zunächst: warum zweite Wahl? Ganz einfach, weil Sie vermutlich drinnen springen. Kein schlank machendes Licht tan-

ken. Licht ist der natürlichste Appetitzügler, den wir kennen. Es erhöht den Serotoninspiegel im Gehirn, den Botenstoff der guten Laune, der auch Heißhunger bremst. Und trotzdem kann man das Trampolin nur empfehlen. 20 Minuten Hüpfen hat den gleichen Effekt auf die Fettverbrennung wie 30 Minuten Laufen. Es weckt auf und löst Verspannungen. Hüpfen kann man auch mit Übergewicht, es schont Bänder und Gelenke. Und: Im steten Spiel mit der Schwerelosigkeit hüpft die Laune mit nach oben. Also: Wer nicht nach draußen will, besorgt sich für etwa 160 Euro diesen fröhlichen runden Heimtrainer (Bezugsquelle S.114).

55

Man glaubt es kaum, aber auch walkend schmelzen die Pfunde nur so dahin.

Mit dem kleinen Muskel-Workout von Sportwissenschaftlerin Holle Bartosch züchten Sie täglich 10 Minuten lang Muskeln. Und schmelzen Fettpölsterchen. Kaufen Sie im Sportgeschäft ein Flexband und Hanteln:

Für Frauen

Anfängerinnen: 2-kg-Hanteln, weiches Flexband. Fortgeschrittene: 3-kg-Hanteln, mittleres Band.

Für Männer

Anfänger: 3-kg-Hanteln, mittleres Band. Fortgeschrittene: 4-kg-Hanteln, hartes Band.

➤ Vorher warm machen: Ein paar Minuten auf der Stelle laufen.
➤ Sie sollten so intensiv trainieren, dass Sie pro Übung maximal 15 Wiederholungen schaffen – die letzten mit zusammengebissenen Zähnen, aber mit ruhiger Atmung.
➤ Anfänger machen jede Übung 3-mal, Fortgeschrittene 4- bis 6-mal.

56

Die Übung für den Bauch

1 In Rückenlage Beine anwinkeln, Füße hüftbreit, Zehen hochziehen, Knie locker nach außen fallen lassen. Hände in den Nacken legen.
2 Lendenwirbelsäule in den Boden drücken. Wirbelsäule vom Kopf her aufrollen. Spannung im Bauch 1–2 Sekunden halten, dann Wirbelsäule langsam abrollen. Kopf nicht ablegen. 10- bis 15-mal. 30 Sekunden Pause. 2- bis 3-mal wiederholen.

Wichtig: Gleichmäßig atmen. Nicht, wenn es anstrengend wird, die Luft anhalten!

Das Flexband für Beine, Po und oberen Rücken

3 Mit leicht gegrätschten, angebeugten Beinen auf die Mitte des Flexbandes steigen. Die Enden des Bandes so um die Hände wickeln, dass es bei hängenden Armen leicht gespannt ist. Bauch anspannen, Schulterblätter zur Wirbelsäule ziehen.

4 Nun mit geradem Rücken in die Kniebeuge gehen; gleichzeitig Arme seitlich heben, bis Hände und Ellenbogen auf Schulterhöhe sind.

15-mal (wenn es nicht mehr geht, aufhören). 30 Sekunden Pause. 2- bis 3-mal wiederholen.

Hanteln für Po, Beine und hintere Oberarme

5 Die Hanteln nehmen und im Nacken halten, Ellenbogen seitlich. Mit angebeugten Beinen in leicht gegrätschte Schrittstellung gehen.

6 Arme mit Hanteln nach oben und gleichzeitig mit beiden Beinen in die Kniebeuge gehen. Ferse des hinteren Beins vom Boden abheben.

15-mal. 30 Sekunden Pause. Beinwechsel. 2- bis 3-mal wiederholen.

TIPP

MUSKELKATER

Wenn Sie am nächsten Tag der Muskelkater plagt, setzen Sie einen Tag mit dem Muskeltraining aus. Aber ein bisschen Muskelkater macht nichts, er zeigt: Ihre Muskeln wachen auf.

57

58

Sie sind überzeugt, wollen den Löffel für die schlanke Linie schwingen? Morgen geht's los? Ihr Partner macht vielleicht sogar mit – denn zu zweit geht alles leichter? Sie haben auf Seite 11 Ihren BMI berechnet und sich die wichtigsten Sportutensilien zugelegt? Sie mögen – und vertragen – Kohl? Dann fehlen Ihnen nur noch die folgenden sieben magischen Tipps, die Sie mit Leichtigkeit über die folgenden sieben Tage tragen.

1. Stellen Sie sich bereits heute Abend ein Paar Laufschuhe neben das Bett. Die erinnern Sie jeden Morgen daran, dass ohne Bewegung kein Schlank-Zauber wirkt. Und stellen Sie Ihren Wecker auf eine halbe Stunde früher: Planen Sie für jeden Tag 30 Morgenminuten Bewegung ein.

2. Räumen Sie Ihren Kühlschrank leer. Und verschenken Sie Ihren Vorrat an Fertigprodukten, Schokolade & Co.

3. Erzählen Sie allen wichtigen Menschen um Sie herum, dass Sie in der nächsten Woche weder auf einen Eiskaffee noch eine Pizza eingeladen werden möchten. Das erspart Ihnen und Ihren Freunden das typische Diät-Gejammer »Ich darf nicht, ich muss abnehmen, ich bin zu dick«.

Zur magischen Kugel brauchen Sie nun noch sieben magische Tipps.

7. Schreiben Sie sich einen Einkaufszettel – damit Sie alles, was Sie brauchen, auch wirklich im Haus haben. Und nicht statt in den Apfel in die Schokolade beißen. Suchen Sie sich Ihren Lieblingskoch und notieren Sie die Zutaten für Ihr erstes Kohlsuppen-Rezept. Unten finden Sie eine Einkaufs-Checkliste, die kurz zusammenfasst, was Sie sonst noch alles besorgen sollten.

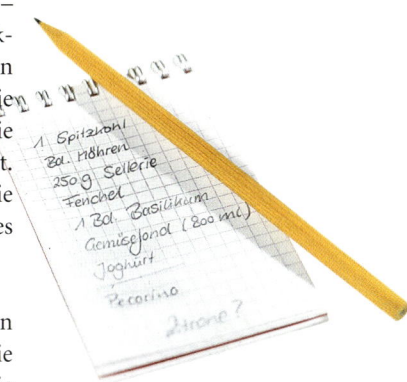

Und nun kann es losgehen. Auf den Seiten 60/61 finden Sie einen Überblick über die magische Woche. Und ab Seite 62 starten Sie mit einem Obsttag – und: Kohlsuppe satt.

4. Stellen Sie überall in Ihrer Wohnung und am Schreibtisch im Büro stilles Mineralwasser auf – es erinnert Sie daran, dass Sie das Trinken nicht vergessen dürfen.

5. Holen Sie Ihre Lieblingsjeans aus dem Schrank, in die Sie wieder hineinpassen wollen. Nagt das Wort »Schokolade« in Ihrem Kopf, dann bedienen Sie sich einer einfachen, aber wirkungsvollen Methode der Visualisation: Schicken Sie ein anderes Bild in Ihr Gehirn – Sie, schlank, in den Jeans. Stellen Sie sich so richtig plastisch vor, wie attraktiv Sie aussehen werden.

6. Starten Sie am besten an einem Samstag. Dann haben Sie das Wochenende vor sich und können Sport und Entspannung locker einplanen.

EINKAUFS-CHECKLISTE

➤ **Auf dem Gemüsemarkt oder im Naturkostladen:** Zutaten für die Kohlsuppe, frisches Obst und Gemüse der Saison. Da Früchte mit jedem Tag an Vitalstoffen verlieren, sollten Sie alle zwei Tage Nachschub holen. Dazu: frische Kräuter, Chilischoten, grünen Tee, Kräuter- und Früchtetees, naturreine Gemüsesäfte.

➤ **Im Supermarkt:** Tiefkühlgemüse und -obst. 2 Kästen stilles Mineralwasser. Weitere Zutaten für die Kohlsuppe, etwa Gewürze, ein hochwertiges Olivenöl aus erster Kaltpressung. Magermilch, Buttermilch, Joghurt (1,5 % Fett).

➤ **In der Apotheke:** Ein Eiweißpulver und je ein Vitamin- und Mineralstoffpräparat.
Außerdem Magnesium-/Kalzium-Brausetabletten, von denen Sie täglich 1–2 Stück nehmen sollten.

	1. Tag Obst	**2.** Tag Gemüse	**3.** Tag Obst & Gemüse
Das Geheimnis von heute	Alle Früchte erlaubt, außer Bananen. Immer wenn der Hunger kommt: Magic Soup. Trinken: mindestens 3 Liter stilles Mineralwasser mit Zitronensaft, Kräuter- und Früchtetees. In Maßen: Kaffee, schwarzer Tee.	Alle Gemüse sind erlaubt bis auf Mais und Erbsen. Löffeln Sie so viel Magic Soup, wie Sie wollen. Trinken: mindestens 3 Liter – wie am ersten Tag. Auch Gemüsesäfte sind erlaubt. Abends eine gebackene Kartoffel.	Heute dürfen Sie Obst und Gemüse essen – und so viel Kohlsuppe, wie Sie wollen. Trinken: stilles Mineralwasser, Gemüsesäfte, Kräuter- und Früchtetees. Wenig Kaffee, schwarzer Tee.
Morgens	➤ Atemübung (Seite 46), Nüchternlauf (Seite 54, 62) ➤ Eiweiß-Shake, Obst	➤ Atemübung, Nüchternlauf ➤ Eiweiß-Shake ➤ Gemüse	➤ Atemübung, Nüchternlauf ➤ Eiweiß-Shake ➤ Obst, Gemüse
Mittags	➤ Magic Soup: wählen Sie ein Rezept vom kulinarischen Quartett (ab Seite 20) ➤ Obst ➤ Atemübung	➤ Magic Soup ➤ Salat oder Gemüse ➤ Atemübung	➤ Magic Soup ➤ Salat oder Gemüse ➤ Atemübung
Nachmittags	➤ Kleiner Muskel-Workout (Seite 56) ➤ Fatburner-Drink	➤ Kleiner Muskel-Workout ➤ Fatburner-Drink	➤ Kleiner Muskel-Workout ➤ Fatburner-Drink
Abends	➤ Magic Soup ➤ Obst ➤ Atemübung	➤ Magic Soup ➤ Gebackene Kartoffel ➤ Atemübung	➤ Magic Soup ➤ Gemüse, Obst ➤ Atemübung

60

4. Tag
Bananen

Heute stehen Bananen auf dem schlanken Plan, mit mageren Milchprodukten kombiniert. Dazu: Magic Soup. Und nicht vergessen: viel trinken.

➤ Atemübung, Nüchternlauf
➤ Eiweiß-Bananen-Shake

➤ Magic Soup
➤ 1 Banane
➤ Atemübung

➤ Kleiner Muskel-Workout
➤ Bananen-Eiweiß-Drink

➤ Magic Soup
➤ 1 Banane
➤ Atemübung

5. Tag
Fisch/Geflügel

Heute gibt es zum ersten Mal wieder Genuss pur: Kohlsuppe und einen gedünsteten Fisch mit Tomaten. Wer Fisch nicht mag, wählt Geflügel.

➤ Atemübung, Nüchternlauf
➤ Eiweiß-Shake
➤ Fisch oder Kohlsuppe

➤ Magic Soup
➤ Fisch oder Geflügel, dazu: Tomaten
➤ Atemübung

➤ Kleiner Muskel-Workout
➤ Fatburner-Drink

➤ Magic Soup
➤ Fisch oder Geflügel mit Tomaten
➤ Atemübung

6. Tag
Geflügel & Gemüse

Sie müssen sich an diesem Tag nicht auf Tomaten beschränken, sondern können Gemüse Ihrer Wahl zum Fisch oder Geflügel essen. Nicht vergessen: Kohlsuppe löffeln!

➤ Atemübung, Nüchternlauf
➤ Eiweiß-Shake
➤ Gemüse

➤ Magic Soup
➤ Hähnchenpfanne
➤ Atemübung

➤ Kleiner Muskel-Workout
➤ Fatburner-Drink

➤ Magic Soup
➤ Fisch oder Geflügel mit Gemüse oder Salat
➤ Atemübung

7. Tag
Reis & Gemüse

Essen Sie tagsüber so viel Gemüse und Kohlsuppe, wie Sie wollen. Risotto am Abend.

➤ Atemübung, Nüchternlauf
➤ Eiweiß-Shake
➤ Gemüse

➤ Magic Soup
➤ Salat oder Gemüse
➤ Atemübung

➤ Kleiner Muskel-Workout
➤ Fatburner-Drink

➤ Magic Soup
➤ Pilzrisotto
➤ Atemübung

Auf dem Nachttisch wartet das erste Glas stilles Wasser, dann das offene Fenster für Ihre erste Atemübung.

Nachttisch steht: die einfachste Zauberformel der Natur gegen morgendliche Sitzungsprobleme. Das löst den so genannten gastrokolischen Reflex aus: 10 Minuten später müssen Sie dringend aufs Örtchen.

Inzwischen machen Sie die Atemübung von Seite 46.

Laufschuhe schnüren

… und zwar bevor Sie duschen oder Kaffee trinken.

➤ Gehen Sie eine halbe Stunde an die frische Luft. Licht lockt das Glückshormon Serotonin, das gute Laune zaubert und gleichzeitig die natürlichste Appetitbremse ist. Bewegung heizt den Energiestoffwechsel an. Und Bewegung auf nüchternen Magen entschlackt. Sie können Rad fahren, walken oder joggen (Seite 54). Und sollte das Wetter gar nicht mitspielen – und Sie wollen partout nicht raus, dann springen Sie einfach 15–20 Minuten auf dem Trampolin.

Ausgiebig frühstücken mit Eiweiß-Shake …

Füllen Sie erst einmal Ihre durch die Reparaturarbeiten an 70 Billionen Körperzellen in der Nacht geleerten Eiweißspeicher auf:

● 2 EL Eiweißpulver in einem Glas Magermilch, Kefir oder Buttermilch verrühren.

An Ihrem ersten Tag spielt Obst die Hauptrolle. Sie können davon so viel essen, wie Sie wollen. Allerdings keine Bananen (sie haben einen hohen GLYX und relativ viel Kalorien). Halten Sie sich bitte an die Reihenfolge der Tage, weil die Diät so konzipiert ist, dass jeder Tag auf dem anderen aufbaut.

An Ihrem ersten Tag sollten Sie sich für abends nichts vornehmen. An den folgenden Tagen ist es einfacher, sich durchs Restaurant oder die Party zu mogeln. Wenn Sie dennoch auf ein Fest gehen, dann nehmen Sie sich eben eine Thermoskanne voll magische Kohlsuppe mit.

Fit in den Tag

➤ Wenn Sie aufwachen, strecken und recken Sie sich und trinken erst einmal das große Glas stilles Wasser (0,3–0,4 l), das auf dem

... und Obstsalat

➤ Nehmen Sie sich Zeit. Schnipseln Sie gemütlich einen Obstsalat aus den Früchten, die die Saison gerade zu bieten hat. Auf Seite 64 finden Sie fruchtige Anleitungen. Machen Sie sich ruhig eine große Schüssel voll. Würzen Sie mit dem Vitamin C von Zitronensaft, doch die Natursüße muss Ihnen reichen.

➤ Trinken Sie Tee dazu – oder, wenn Sie müssen, Kaffee. Ungesüßt. Sie wollen ja aus dem Insulinkreislauf »Süß – Hunger – Süß – Hunger« herauskommen. Auch Süßstoff sollten Sie diese Woche meiden.

Mittags: Ein Teller Kohlsuppe ...

... oder zwei oder drei.

➤ Machen Sie Ihr Süppchen schön heiß. Das geht natürlich auch in der Mikrowelle. Warm sättigt besser und macht Ihren Körper wohlig zufrieden.

Natürlich können Sie auch mittags Obst essen. Und vergessen Sie Ihre Atemübung nicht.

Nachmittags: 10 Minuten für die Muskeln, dann Eiweiß

➤ 10 Minuten reichen, um wertvolle Muskeln aufzubauen, die auch nach der Diät noch Fett verbrennen. Die Anleitung finden Sie auf Seite 56. Nach dem Workout trinken Sie den Fatburner-Shake. Ihre Muskeln hungern nun nach Eiweiß.

Fatburner-Shake

1/2 reife Papaya
Saft von 1 Limette
Saft von 1 Orange
1/4 l kalte Trinkmolke
2 EL Eiweißpulver

❶ Papaya entkernen, schälen und in kleine Würfel schneiden. Mit dem Limetten- und Orangensaft, der Trinkmolke und dem Eiweißpulver in den Mixer geben. Deckel auflegen und 15 Sekunden kräftig durchmixen.
❷ Drink in ein hohes Glas füllen und mit einer Zitronenscheibe garnieren.

Abends: Suppe & Obst

➤ Essen Sie erst einen Teller magische Kohlsuppe. Und dann wieder einen Obstsalat.

➤ Sie sollten möglichst früh zu Abend essen, spätestens um 18 Uhr. Danach ist Obst tabu, damit Ihr Darm nicht des Nachts Schwerstarbeit leisten muss. Und vergessen Sie die Atemübung nicht.

63

TIPP

IMMER WENN DER HUNGER KOMMT ...

➤ ... gehen Sie an den Kühlschrank, holen sich eine Portion Magic Soup und wärmen sie auf. Löffeln Sie Kohlsuppe, so viel Sie wollen, so viel Sie können.

➤ Übrigens: Auch kurz vor dem Schlafengehen können Sie ruhig noch ein bisschen heiße Kohlsuppe schlürfen.

Frisches Obst verwöhnt mit Vitalstoffen und Aromen – viel besser als Tabletten aus dem Chemielabor. Essen Sie Obst einfach aus der Hand. Oder haben Sie Lust auf ein bisschen Früchtezauber?

Wunderbarer Fruchtsalat

● Frische Obstsorten der Saison (oder der Tiefkühltruhe) klein schneiden, mit 2 TL Zitronensaft und 3–4 klein geschnittenen Zitronenmelisseblättchen mischen. Im Sommer vertragen sich Aprikose, Nektarine, Beere. Im Herbst Apfel, Birne, Orange.

SimsalaDip mal wieder

● Erdbeeren waschen, das Grün dran lassen. Mango oder Papaya schälen, in dicke Würfel schneiden und auf Cocktailspießchen stecken. Dazu Orangen-Joghurt-Dip: 3 EL fettarmer Joghurt (1,5 %) mit 1 EL frischem Orangensaft verrühren.

Exotisches Carpaccio

● Frische Erdbeeren oder Mango in dünne Scheiben schneiden. Leicht überlappend auf einem Teller arrangieren. Mit 2 TL Zitronensaft oder Aceto Balsamico beträufeln und mit frischen Kräuterblättchen (Minze, Zitronenmelisse) garnieren.

Mit dem Zauberstab

● Himbeeren, Heidelbeeren, Erdbeeren, Kiwis, gehäutete Pfirsiche oder Aprikosen mit dem Zauberstab pürieren. Mit 1–2 TL Zitronensaft abschmecken. Eventuell durch ein feines Sieb passieren. Kleiner Deko-Tipp: drei verschiedenfarbige Fruchtpürees als Klecks auf einen Teller setzen, mit einem Holzstäbchen ineinander ziehen.

Und auf den Zauberstab

● Farbenfrohe Sorten wie Ananas, Kiwi, Erdbeeren putzen und klein schneiden. Abwechselnd auf kleine Holzspieße reihen und mit 2 TL Zitronensaft beträufeln.

Magische Melonensuppe

● Aus einer Honigmelone einige Kugeln Fruchtfleisch ausstechen, ins Gefrierfach geben. Restliches Fruchtfleisch mit 1–2 EL Zitronensaft und etwas Wasser pürieren. Mit geeisten Melonenkugeln auf Teller anrichten. Mit Zitronenmelisse garnieren.

Feines Früchte-Sorbet

● Früchte wie Erdbeeren und Kiwis im Mixer pürieren. 1 EL Zitronensaft dazugießen. In einer Edelstahlschüssel $2\frac{1}{2}$ Stunden lang gefrieren. Alle 30 Minuten mit dem Schneebesen kräftig rühren. Das Sorbet in einem Kelchglas servieren.

Eine Ode an das Glück: Obstcarpaccio.

Die Obst-Sache mit dem GLYX

➤ Sie können in dieser Woche auch Obst mit hohem GLYX essen – da Sie kaum Fett zu sich nehmen. Essen Sie davon jedoch nicht zu viel. Und am besten erst nachmittags. Einen hohen GLYX haben: Wassermelone, Ananas, Honigmelone, Bananen.

➤ Exoten bilden eine Ausnahme: Kiwi, Mango, Papaya haben einen mittleren GLYX, liegen ein wenig über 50. Aber: Sie enthalten Enzyme, die helfen, Eiweiß besser zu verdauen, und viel Vitamin C – beides kurbelt die Fettverbrennung an.

➤ Früchte mit niedrigem GLYX können Sie genießen, so viel Sie wollen. Dazu zählen: Sauerkirschen, Pflaumen, Grapefruits, Beeren, Birnen, Äpfel, Pfirsiche, Orangen, Trauben.

Wählen Sie Obst der Saison

Sie wissen: Lange Transportwege laugen die sensiblen Früchte aus. Nach ein paar Tagen schon haben sie den Nährstoffgehalt eines Schuhkartons. Hinzu kommt: Um die Früchte transportreif zu machen, werden sie unreif geerntet. Nun lockt aber gerade in den letzten drei, vier Reifetagen die Sonne die meisten Vitalstoffe in die Frucht.

Diese Früchtchen sind es wert, dass Sie zugreifen. Und: zu Hause nicht lange liegen lassen, sondern gleich verzehren.

65

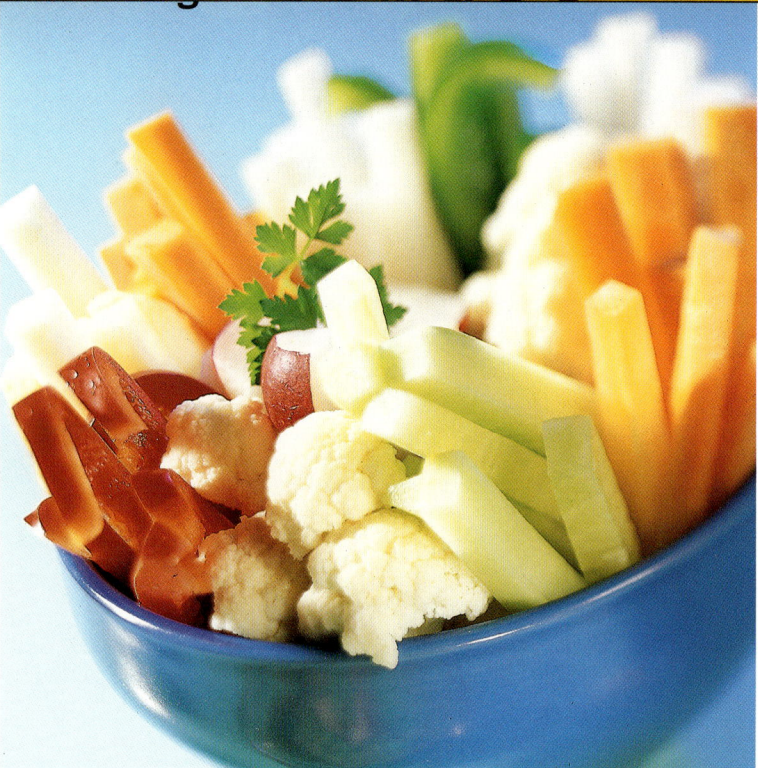

Naschen mit IQ:
Gemüsestifte
in allen Farben.

Fit in den Tag

➤ Machen Sie die Atemübung von Seite 46, und tanken Sie auch heute wieder vom Schlank-Hormon Serotonin – 30 Minuten an der frischen Luft in Turnschuhen.

➤ Dann mixen Sie sich wie gestern einen Eiweiß-Shake. Schneiden Sie ruhig ein paar frische Kräuter hinein.

Zum Frühstück Gemüse

➤ Schnitzeln Sie Möhren, Rettich, Gurken, Radieschen, Paprikaschoten, Fenchel, Tomaten in Stücke, Scheibchen oder Stifte. Sie können jedes Gemüse nehmen, auf das Sie Lust haben, außer: Erbsen und Mais.

Auf Seite 68/69 finden Sie Rezepte, die Abwechslung in Ihren Gemüsetag bringen. Das lockt Sie morgens gar nicht? Dann machen Sie sich einfach einen Teller Magic Soup heiß.

Nervös? Möhren knabbern!

Geht dem Gehirn der Zucker aus, fühlen Sie sich nervös und unkonzentriert. Denn das Gehirn braucht Kohlenhydrate, genauer: Glukose.

➤ Kein Problem: Knabbern Sie Möhren! Sie liefern natürlichen Süßstoff, der den Blutzuckerspiegel nicht so belastet und dem Gehirn Nachschub an Glukose liefert.

Hallo, willkommen im zweiten Tag! Wie fühlen Sie sich? Zum Wälder-Ausreißen gut? Ist Ihnen der erste Kohlsuppen-Tag hervorragend bekommen – und Sie haben immer noch Lust auf mehr? Dann verkraften Sie auch diese Nachricht: Heute steht Gemüse auf dem Plan, und abends eine Kartoffel.

Wann haben Sie das letzte Mal so richtig in Gemüse geschwelgt? Die Light-Schätze der Natur sollten Sie auch in Ihr künftiges Leben einbauen. Das Geheimnis vieler schlanker, fitter und fröhlicher Menschen heißt nämlich: Gemüse, Gemüse, Gemüse, Gemüse, Gemüse. Genau: fünf Portionen am Tag.

TIPP

ACHTUNG

Wie sieht es mit Ihrem Kohlsuppen-Vorrat aus? Reicht er noch für morgen? Wenn nicht, dann kochen Sie den nächsten Zaubertopf.

Kleiner **Slim-Manager**

Bitte ab heute jeden Tag abhaken, ob Sie
Ihr Diät-Pensum erledigt haben:

MORGENS

[ ] Atemübung (Seite 46)
[ ] Nüchternlauf (Seite 62)
[ ] Eiweiß-Shake (Seite 62)
[ ] Gemüse

MITTAGS

[ ] Magic Soup
[ ] Salat oder Gemüse
[ ] Atemübung

NACHMITTAGS

[ ] Magic Soup
[ ] Kleiner Muskel-Workout (Seite 56)
[ ] Fatburner-Drink

ABENDS

[ ] Magic Soup
[ ] Gebackene Kartoffel
[ ] Atemübung

Mittags: Erst Suppe, dann Workout

➤ Mittags gibt's heiße Kohlsuppe. Sie können vorher einen Salat essen.

➤ Planen Sie nachmittags 10 Minuten für Ihre Muskeln ein (Seite 56). Falls Sie irgendwann nachmittags nicht können – dann hängen Sie das Training einfach an Ihren Morgenlauf an. Oder: Schwingen Sie die Hanteln zu den 19-Uhr-Nachrichten. Allerdings nicht später, weil Muskeltraining auch Wachhormone lockt. Und diese brauchen Sie eher nachmittags am Schreibtisch als nachts im Bett.

➤ Und nachmittags shaken Sie sich einen Fitness&Fatburnerdrink.

Fatburner-Shake

40 g rote Paprikaschote
40 g Sellerie
1 EL Petersilienblätter
1 Spritzer Tabasco
100 ml kalter Tomatensaft
100 ml Buttermilch
1 EL Eiweißpulver
Salz, Pfeffer aus der Mühle

● Paprika putzen und waschen, Sellerie schälen, beides würfeln. Mit Petersilie, Tabasco, Eiweißpulver und Tomatensaft im Mixer pürieren. Dann Buttermilch hinzufügen, nochmals durchmixen. Mit etwas Salz und Pfeffer würzen. In ein Glas geben. Mit Petersilie garnieren. Und genießen.

Abends:

Baked Potato

➤ Machen Sie sich wieder Kohlsuppe heiß.
➤ Und dann gibt's eine Baked Potato:

● Eine große Kartoffel in Alufolie einwickeln, 75–90 Minuten bei 225 ° (Umluft 200 °) backen. (Oder 3 kleine Pellkartoffeln essen). Dazu 3 EL Magerquark mit Kräutern.

➤ Auch vor dem Einschlafen können Sie, wenn Sie wollen, etwas Kohlsuppe löffeln.

67

Schlank-Formel:
Flüssiges Gemüse
+ Eiweiß = Fit.

Sie müssen keineswegs ständig an Möhren herumknabbern. Gemüse verwöhnt mit köstlichen Aromen, und es schenkt Ihrem Körper all die Vitalität, die Natur und Sonnenstrahlen in die Frucht hineingezaubert haben.

Fast Food Rohkost

🟠 Mal geraspelt ... Möhren, Zucchini, Gurke oder Knollensellerie finden in der Haushaltsreibe eine Verbündete. Durch grobes Raspeln öffnet sie die Zellen zu den Vitalstoffschätzen. Mit wenig Salz, Pfeffer, 2 TL Zitronensaft und ein paar Tropfen Walnuss- oder Haselnussöl vermischen.

🟠 ... mal gestreift: Paprikaschoten, Frühlingszwiebeln, Fenchel, Möhren in Streifen schneiden. Dazu kräftige Salate wie Chicorée, Radicchio, Eisberg- oder Romanasalat in Blätter zerlegen. Dazu dürfen Sie ruhig einen Dip servieren: 75 g fettarmen Joghurt (1,5 %) mit Zitronensaft, etwas Salz und Pfeffer verrühren. Je 1 EL gehackte Petersilie oder Schnittlauch (oder andere Kräuter) untermischen.

Blanchierte Salate

🟠 Gemüse wie Brokkoli, Blumenkohl und Mangold putzen, waschen und zerteilen. In einem großen Topf reichlich Wasser mit etwas Salz zum Kochen bringen. Gemüse darin nur wenige Minuten sieden lassen – damit das Aroma nicht auslaugt. Aus dem kochenden Wasser heben, sofort in mit Eiswürfeln gekühltes Wasser tauchen. So bleibt es knackig und farbenfroh. Anschließend das blanchierte Gemüse mit 1–2 TL Zitronensaft, Salz, Pfeffer und 1 TL Olivenöl als Salat zubereiten.

Küchenmagie im Dunst

Zarte Gemüsesorten wie Kohlrabi, Möhren, Pilze, Auberginen, Zucchini oder Lauch entfalten beim Dünsten magische Aromen.

🟡 1 TL Olivenöl in der Pfanne bei mittlerer Temperatur erhitzen. Klein geschnittenes Gemüse zugeben, 2–5 Minuten anschwitzen, dabei hin und wieder wenden. 2–4 EL Wasser angießen, leicht salzen und pfeffern. Deckel auflegen und bei niedriger Temperatur knackig dünsten.

Folienzauber

🟡 Sie wollen ein geballtes Päckchen Aroma? Dann streichen Sie die glänzende Seite einer Alufolie mit 1 TL Olivenöl ein. Darauf geben Sie halbierte Cocktailtomaten, Spinatblätter, Frühlingszwiebeln, Lauchringe oder Fenchelstreifen. Leicht salzen und pfeffern, darüber 1–2 TL gehackte Kräuter (wie Thymian, Estragon, Petersilie) und 2 EL Zitronensaft geben. Alufolie locker zu einem Päckchen zusammenschlagen. Auf dem Rost im vorgeheizten Ofen bei 200 ° (Gas Stufe 3, Umluft 180 °) 20–30 Minuten garen.

Vitamin-Schongang

Dünsten ist das Garverfahren für Blumenkohl, Brokkoli, Sellerie, Wirsing, Kohlrabi, Möhren, Zwiebeln und Spargel.

🟡 Gemüse grob zerteilen. In einen Topf mit Siebeinsatz 2–3 Finger hoch leicht gesalzenes Wasser oder Gemüsebrühe füllen. Mit 3 Pfefferkörnern, 1 Lorbeerblatt und je 2 frischen Petersilien- und Thymianzweigen zum Kochen bringen. Siebeinsatz mit Gemüse einsetzen – er steht über der Flüssigkeit! Deckel schließen und auf höchster Stufe aufkochen. Sobald seitlich Dampf aufsteigt, auf mittlerer Stufe 25–30 Minuten weiterdämpfen. Deckel nicht lüpfen, sonst unterbrechen Sie den Wasserdampf-Kreislauf.

Aroma-Garant Grillen

Favoriten für den Grill: Auberginen, Zucchini, Paprikaschoten, Tomaten, Gemüsezwiebeln.

🟡 In dicke Scheiben, Streifen oder Spalten schneiden, Tomaten über Kreuz einritzen. Hauchdünn mit Olivenöl bepinseln, mit Thymian, Rosmarin, wenig Salz und Pfeffer bestreuen. Auf den Rost legen und unter dem vorgeheizten Grill in wenigen Minuten knusprig grillen.
Tipp: Reihen Sie kleinere Gemüsestücke auf Spieße.

Schnell aus dem Wok

🟡 1 TL Olivenöl in einem beschichteten Wok erhitzen. Klein geschnittenes Gemüse wie Möhren, Frühlingszwiebeln, Lauch und Chinakohl unter Rühren in Minutenschnelle bissfest garen. Mit Pfeffer und 1–2 TL Sojasauce würzen.

Gesund, gut für die Verdauung, die beste Würze – und absolut »light«: frische Kräuter sollten in keinem Gemüsegericht fehlen.

69

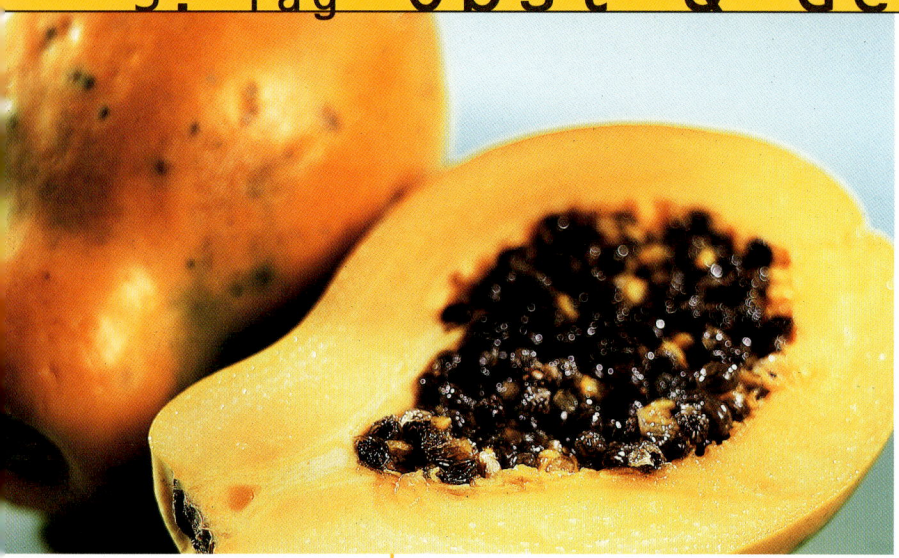

Wie wäre es mit Exoten zum Frühstück? Die Enzyme von Papaya oder Ananas helfen Ihrem Eiweiß-Stoffwechsel auf die Sprünge. Eiweiß ist ein wertvoller Fatburner in Ihrem Körper. Marinieren Sie Ihren Exotensalat mit Orangen- oder Zitronensaft. Auf Zucker und auch auf künstlichen Süßstoff sollten Sie verzichten.

70

Die Zauberformel für die Figur

Heute haben Sie die Wahl: Obst oder Gemüse. Mit der Einschränkung: keine Bananen, aber auch kein Gemüse mit hohem GLYX, kein Mais, keine Erbsen, keine Rote Bete, kein Kürbis.

Holen Sie sich Anregungen für die Zubereitung auf den Seiten 64, 68 und 69.

Fit in den Tag

Natürlich starten Sie wieder mit dem Glas Wasser, Atemübungen und Ihrer Bewegungsrunde: 30 Minuten nüchtern im Freien. Und dann: Shaken Sie sich einen Eiweißdrink und essen Sie einen Obstsalat zum Frühstück.

Keine Zeit?

Obstschnipseln dauert Ihnen zu lange? Dann greifen Sie in die Tiefkühltruhe (natürlich am Vorabend!). Die Frostfee legt ihren schützen-

den Zauberstab auf alle Vitamine. Tauen Sie eine Packung gemischte Beeren auf – und genießen Sie die kleinen Medizinbällchen der Natur (Rezepte Seite 64).

Büro? Kein Problem!

Haben Sie Obst und Gemüsestreifen dabei? Und eine große Thermoskanne voller Magic Soup? Nehmen Sie ausreichend mit. Denn je mehr Suppe Sie essen, desto besser schmelzen die Pfunde. Und: Es könnte sein, dass Ihre

Kleiner **Slim-Manager**

Bitte heute wieder abhaken, ob Sie Ihr Diät-Pensum erledigt haben:

MORGENS

[ ] Atemübung (Seite 46)
[ ] Nüchternlauf (Seite 62)
[ ] Eiweiß-Shake (Seite 62)
[ ] Obst, Gemüse, Magic Soup

MITTAGS

[ ] Magic Soup
[ ] Salat oder Gemüse
[ ] Atemübung

NACHMITTAGS

[ ] Magic Soup
[ ] Kleiner Muskel-Workout (Seite 56)
[ ] Fatburner-Drink

ABENDS

[ ] Magic Soup
[ ] Gemüse, Obst
[ ] Atemübung

Im Büro als Snack
zwischendurch: Kohlsuppe
aus der Thermoskanne.

Kollegen das köstliche »Starkoch-Wunder« auch mal probieren wollen.

In Kantine und Restaurant

Wenn Sie mit Ihren Kollegen lunchen wollen: Essen Sie vorher einen Teller Suppe. Und dann nehmen Sie Salat, den Sie selbst marinieren: mit Essig, wenig Olivenöl, wenig Salz und Pfeffer. Auch gedünstetes Gemüse ist erlaubt (aus der beschichteten Pfanne, mit wenig Olivenöl – in guten Restaurants kein Problem).

Hanteln mitnehmen!

Auch am Arbeitsplatz finden sich immer wieder ein paar Minuten, die Sie in Ihre Muskeln investieren können. Außerdem verlangt Ihr Biorhythmus sowieso nach 90 Minuten eine Pause. Nutzen Sie die für Ihre Muskeln – oder zum Schlank-Atmen.

Der Fatburner-Drink?

Nicht vergessen! Bereiten Sie morgens die Version vor, auf die Sie heute Lust haben: den Fatburner-Drink mit Obst (Seite 63) oder Gemüse (Seite 67). In einer Flasche mitnehmen.

Abends: Kohlsuppe

… und Obst, Salat, Gemüse. Alles zusammen oder einzeln, worauf Sie Lust haben, so viel Sie wollen. Aus der Schüssel, vom Grill, aus der Folie, aus dem Wok.

Schlank und fit ins Halbfinale

Nun haben Sie die Halbzeit erreicht. Und treten gegen die letzten Kilos an. Wenn Ihnen die Suppe nicht mehr schmecken sollte, dann pürieren Sie sie doch. Und wenn es gar nicht mehr geht – dann machen Sie einfach weiter mit der Intervall-Diät (Seite 88).

Alles wie gehabt

➤ Ein Glas Wasser für den gastrokolischen Reflex, atmen, laufen …

➤ Atemübungen lassen 3-mal täglich das Fettfeuer in den Zellen lodern.

➤ Bei 30 Minuten Nüchternlauf verbrennen Sie 15-mal mehr Fett als vor dem TV. Und kurbeln die Kalorienverbrennungsanlage für den ganzen Tag an.

➤ Um all die Kohlsuppe zu verarbeiten, die Sie von morgens bis abends schlürfen, verbraucht Ihr Körper Energie aus den Fettpölsterchen.

➤ Eiweiß, Suppe und Bananen liefern Vitalstoffe, die die Fettverbrennung in Gang halten.

➤ Viel trinken macht satt, schlank und schön (Seite 52)!

➤ Täglich 10 Minuten Muskeltraining schafft viele neue Kalorien-Brennöfchen.

Das nimmt die Figur nicht krumm: Bananenshake mit Buttermilch.

➤ Variante heute: Sie essen Kohlsuppe und 3–4 Bananen – kein anderes Obst, kein anderes Gemüse. Starten Sie morgens damit: Am köstlichsten schmeckt sie im Bananenshake. Und der füllt auch noch Ihre Eiweißtanks auf.

Eiweiß-Bananen-Shake

1 große reife Banane
1 TL Zitronensaft
150 ml Buttermilch
2 EL Eiweißpulver

● Banane schälen, grob zerschneiden, in den Mixer geben. Mit Zitronensaft und Buttermilch 15 Sekunden pürieren. Dann Eiweißpulver zugeben und noch mal 10 Sekunden mixen. In ein großes Glas füllen und genießen.

Von mittags bis Mitternacht

… gibt's natürlich Kohlsuppe. Und Bananen – einfach aus der Hand oder im Shake. Und wenn Sie die Suppe heute schon nicht mehr essen können: pürieren und trinken. Das schmeckt auch kalt.

➤ Vergessen Sie am Mittag Ihre Atemübung nicht.

➤ Mixen Sie sich nachmittags nach dem kleinen Muskel-Workout noch mal einen Bananen-shake.

Der Shake lässt Sie übrigens auch hervorragend schlafen. Etwa eine Stunde vor dem Schlafengehen trinken. Die Kombination Eiweiß-Kohlenhydrate lockt das Gute-Nacht-Hormon Serotonin, besser als jede Schlafpille. Wer Lust hat, nimmt also seine Bananenration heute nur in geshakter Form.

Kleiner **Slim-Manager**

Bitte wieder abhaken, ob Sie Ihr Diät-Pensum erledigt haben:

MORGENS

[ ] Atemübung (Seite 46)
[ ] Nüchternlauf (Seite 62)
[ ] Eiweiß-Bananen-Shake

MITTAGS

[ ] Magic Soup
[ ] 1 Banane
[ ] Atemübung

NACHMITTAGS

[ ] Magic Soup
[ ] Kleiner Muskel-Workout (Seite 56)
[ ] Eiweiß-Bananen-Shake

ABENDS

[ ] Magic Soup
[ ] 1 Banane
[ ] Atemübung

TIPP

ACHTUNG!
Wie steht es um Ihren Kohlsuppen-Vorrat? Vielleicht wollen Sie ja mal eine andere Variante aus dem kulinarischen Quartett ausprobieren.

Auf zum fröhlichen Endspurt

Ihren Tagesablauf haben Sie nun intus. High-light heute: Fisch und Tomaten. Kein anderes Gemüse, kein Obst. Wer Fisch nicht mag, nimmt einfach Geflügel.

Für Magen & Muskeln

➤ Morgens und nachmittags gibt's den Eiweißdrink von Seite 62 – und immer wieder mal einen Teller Kohlsuppe.

➤ Mittags und abends, nach Belieben auch schon zum Frühstück – sooft Sie wollen – gibt's Fisch (oder Geflügel ohne Haut) gegrillt oder gedünstet, dazu Tomaten. Zum Beispiel auf diese Weise:

Tomaten-Kabeljaufilet

150 g Kabeljaufilet
3 Tomaten
1 EL gehackte, frische Kräuter
(Petersilie, Dill, Schnittlauch)
1 gehackte Knoblauchzehe
2 TL Zitronensaft
2 TL Olivenöl
Salz, Pfeffer aus der Mühle

1 Backofen auf 200 ° vor-heizen. Kabeljaufilet ab-brausen und trocken-tupfen. Mit Zitronensaft, Salz und Pfeffer würzen. Tomaten waschen, Stiel-ansatz entfernen, quer in dicke Scheiben schneiden.

2 Ein großes Stück Alufolie mit 1 TL Olivenöl einstreichen. Die Tomaten darauf verteilen, salzen, pfeffern, mit dem Knoblauch und den Kräutern bestreuen. Den Fisch darauf legen, mit 1 TL Olivenöl beträufeln. Die Folie zusam-menschlagen und gut verschließen. Im 200 ° heißen Ofen (Mitte; Umluft 180 °) 20 Minuten garen.

Eine Ode an die Tomate

Sie ist eine paradiesisch gesunde Frucht, die mit ihrem Kalium auch beim Entschlacken hilft und – so viele Studien – sogar dem Krebs vorbeugt. Hier drei Zubereitungsvorschläge:

● Frische Tomaten waschen, vom Stielansatz befreien und in Scheiben schneiden. Auf dem Teller überlappend anrichten. Mit 1–2 TL Aceto Balsamico und 1 TL Olivenöl beträufeln. Mit frischen Basilikumblättern garnieren.

TIPP

SUPPE MIT EXTRA

Sie können heute auch Geflügelbrust (ohne Haut) oder Garnelen in die Kohlsuppe geben – ein Schmankerl für Gourmets.

74

● Tomaten auf Alufolie legen, leicht salzen und pfeffern, mit Thymianzweig belegen. Päckchen zuwickeln und 20 Minuten auf dem Rost im vorgeheizten Backofen bei 200 ° (Umluft 175 °) garen.

● Tomaten waschen, Stielansatz entfernen, in grobe Stücke schneiden. Im Mixer fein pürieren. Mit Salz, Pfeffer und 1–2 TL Rotweinessig abschmecken. Mit Basilikumblättern garnieren. Kalt als Dip oder warm als Suppe genießen.

Und eine Ode an den Fisch

Fisch sollte auch in Ihrem künftigen Leben mindestens dreimal die Woche auftauchen. Er liefert Ihnen wertvollstes Eiweiß – und das hilft, Fett zu verbrennen. Seefisch ist reich an Omega-3-Fettsäuren, die Herz und Nerven schützen, und verwöhnt Sie mit Jod. Die Schilddrüse braucht Jod, um die Aktiv-Hormone zu produzieren, die Sie schlank halten.

Tipps von Fischers Fritz

➤ Sie mögen keine Gräten? Schlechte Ausrede: Seehecht, Zander, Seebarsch und Seezunge geizen mit Gräten. Auch Lachs und Kabeljau haben keine störenden, feinen Gräten. Viele Gräten stecken in Brasse, Flussbarsch, Karpfen und Heilbutt.

Kleiner **Slim-Manager**

Bitte wie immer abhaken, ob Sie Ihr Diät-Pensum erledigt haben:

MORGENS

[ ] Atemübung (Seite 46)
[ ] Nüchternlauf (Seite 62)
[ ] Eiweiß-Shake (Seite 62)
[ ] Fisch oder Kohlsuppe

MITTAGS

[ ] Magic Soup
[ ] Fisch oder Geflügel, dazu: Tomaten
[ ] Atemübung

NACHMITTAGS

[ ] Magic Soup
[ ] Kleiner Muskel-Workout (Seite 56)
[ ] Fatburner-Drink

ABENDS

[ ] Magic Soup
[ ] Fisch oder Geflügel mit Tomaten
[ ] Atemübung

Diese Fische geizen mit Fett: Kabeljau, Scholle, Schellfisch und Hecht. Eine Portion (150 g) hat nicht mehr als 120 kcal.

75

➤ Super-Jod-Lieferanten: Rotbarsch, Kabeljau, Scholle, Seelachs und Schellfisch.
Die meisten Omega-3-Fettsäuren liefern Schillerlocken, Makrele und Hering.
➤ Und wer taugt für Sushi? Thunfisch, Lachs, Brasse, Seebarsch.
➤ Favoriten für ein edles Candlelight-Dinner: Zander, Lachs, Lachsforelle, Scholle, Seezunge, Seeteufel, Seehecht, Heilbutt und Steinbutt zählen zu den Edelfischen.

Na? Erste Erfolge zeichnen sich ab. Wie viel Butterpäckchen weniger? Sie wissen: Eines wiegt 250 Gramm.

Der Erfolg zeichnet sich ab

Fühlen Sie sich gut? Hat Ihr prüfender Blick schon festgestellt: ein paar Butterpäckchen auf den Rippen weniger?

Heute wird es leichter für Sie. Zur Kohlsuppe gibt's Geflügel – oder Fisch – und Gemüse, so viel Sie wollen. Sie können auch morgens schon ein Stück mageres Geflügel essen – ohne Haut. Mit Zitronensaft, damit Ihr Körper das Eiweiß besser verwerten kann.

Same procedure as every day ...

➤ Wie jeden Tag nicht vergessen: Atmen, Laufen, Muskeln pflegen. Trinken, Trinken, Trinken. Eiweiß-Shake und Fatburner-Drink.

➤ Ach ja, fast hätte ich's vergessen: Kohlsuppe. Nicht, dass Sie denken: »Oh, die lass ich heute einfach mal weg.« Lieber pürieren und als dicken Gemüsesaft genießen. Aber wahrscheinlich ist das gar nicht nötig. Die Suppe kann nämlich auch regelrecht süchtig machen. Mein Mann kocht sie immer noch, und mein Osteopath nimmt sie noch nach vier Monaten jeden Tag mit in die Praxis.

Heute: Kohlsuppe plus

➤ Nehmen Sie Ihre Kohlsuppe mit in den Job – und wenn Sie Lust haben, dann streuen Sie beim Warmmachen doch einfach ein bisschen Hähnchenbrust, ein paar Garnelen oder Fischstücke hinein. Das schmeckt köstlich und füllt Ihre Eiweißtanks mit dem Powerstoff auf. Garnelen haben Cholesterin!? Kein Problem. Die Kohlsuppen-Woche putzt die Gefäße frei von diesem Adernverstopfstoff. Solange Sie sich bewegen und gesund ernähren – viel Obst

und Gemüse, wenig tierisches Fett (aus Wurst und Braten), dafür pflanzliche Öle –, spielt das Cholesterin im Essen so gut wie gar keine Rolle. Das unterschreibt Ihnen mit Sicherheit auch Ihr Arzt.

Freuen Sie sich auf den Abend

➤ Da brutzeln Sie sich nämlich eine leckere Hähnchenpfanne.

Statt Hähnchenfilet können Sie für dieses Rezept auch Fisch nehmen, zum Beispiel Kabeljau- oder Viktoriabarschfilet.

Kleiner **Slim-Manager**

Bitte auch heute Ihr Diät-Pensum abhaken:

MORGENS

[ ] Atemübung (Seite 46)
[ ] Nüchternlauf (Seite 62)
[ ] Eiweiß-Shake (Seite 62)
[ ] Gemüse

MITTAGS

[ ] Magic Soup
[ ] Hähnchenpfanne
[ ] Atemübung

NACHMITTAGS

[ ] Magic Soup
[ ] Kleiner Muskel-Workout (Seite 56)
[ ] Fatburner-Drink

ABENDS

[ ] Magic Soup
[ ] Fisch oder Geflügel mit Gemüse oder Salat
[ ] Atemübung

Hähnchenpfanne:
ein kleiner Gourmet-
Ausflug nach Asien.

Hähnchenpfanne

100 g Hähnchenbrustfilet
100 g Zuckerschoten
$1/2$ rote Paprikaschote
2 Frühlingszwiebeln
40 g Sojabohnensprossen
1–2 EL Sojasauce
3 EL Gemüsebrühe
1 TL Öl
schwarzer Pfeffer, Salz

❶ Hähnchenfilet in feine Scheiben schneiden. 1 EL Sojasauce mit Pfeffer verrühren, Fleisch darin wenden und 5 Minuten ziehen lassen.

❷ Zuckerschoten putzen, in Salzwasser 2 Minuten kochen, kalt abschrecken. Paprika putzen, in kleine Würfel schneiden. Frühlingszwiebeln putzen, in feine Ringe schneiden. Sprossen in einem Sieb heiß abbrausen und abtropfen lassen.

❸ Öl in einer beschichteten Pfanne verstreichen und erhitzen. Fleisch darin unter Wenden 3–4 Minuten anbraten. Herausnehmen und warm stellen. Gemüse und Sprossen unter ständigem Rühren 4–5 Minuten braten. Die Brühe angießen, mit Sojasauce und Pfeffer abschmecken.

Tag sollten Sie Ihre Diät beenden und Ihr Leben wieder in vollen Zügen genießen. Und zwar mit dem Wissen, dass Essen Ihnen gut tut. Das richtige Essen – das Ihnen Energie verleiht, Ihren Körper zufrieden, Ihren Geist aktiv und Ihre Seele glücklich macht. Aber vorher müssen Sie noch durch diesen Tag. Kein Problem:

➤ Auf dem Plan steht Gemüse (Anregungen Seite 68/69). Und mittags und/oder abends gibt's einen Risotto mit Gemüse. Sie können natürlich auch noch anderes Gemüse in den Risotto schnitzeln. Alles, worauf Sie Lust haben. Nur: Essen Sie vorher eine Kohlsuppe.

Wann darf ich endlich auf die Waage?

Verkneifen Sie sich heute Abend das Wiegen noch einmal. Morgen früh können Sie dann Ihre Neugierde befriedigen. Aber Achtung: Wenn Sie Frau und am Ende Ihres Monatszyklus sind, dann könnte das frustrieren. Aber mit Sicherheit wissen Sie, wie viel Sie dann normalerweise mehr auf die Waage bringen. Und ziehen die Differenz einfach ab.

Gemüse, Gemüse, Gemüse, Gemüse, Gemüse … fünfmal am Tag – natürlich auch besonders vitalstoffreich: roh.

Mit Elan in die Zielgerade

➤ Ein letztes Mal das gleiche Ritual: atmen, laufen, shaken, trinken, Gemüsestreifen schnipseln, Salat machen, Muskeln trainieren, shaken …

➤ Wenn Ihr Kohlsuppen-Vorrat zur Neige geht, dann kochen Sie sich noch eine Portion, und zwar Ihre Lieblingsversion.

Lieblings…? Sie können keine Kohlsuppe mehr sehen? Das ist verständlich. Nach diesem

Pilzrisotto

1 kleine Zwiebel
1 kleine Knoblauchzehe
2 Möhren
je 75 g Champignons und Egerlinge
5 Zweige Petersilie
80 g Schnellkoch-Naturreis
175 ml heiße Gemüsebrühe
1 TL Olivenöl
1 TL Zitronensaft
Salz, schwarzer Pfeffer

1 Zwiebel und Knoblauchzehe schälen, fein würfeln. Das Öl in einem Topf erhitzen, Zwiebeln und Knoblauch darin glasig dünsten. Reis unterrühren und kurz anschwitzen, dann die heiße Brühe dazugießen. Aufkochen und bei schwacher Hitze insgesamt 20–25 Minuten köcheln lassen.

2 Die Möhren schälen und schräg in dünne Scheiben schneiden. Die Pilze putzen und in feine Scheiben schneiden. Beides nach 10 Minuten Garzeit unter den Reis mischen. Öfter mal umrühren.

3 Petersilie waschen, trockenschütteln, die Blätter hacken. Den Risotto mit Salz, Pfeffer und Zitronensaft abschmecken, die Petersilie zuletzt untermischen.

Pilzrisotto

Kleiner **Slim-Manager**

Und nun zum letzten Mal abhaken, ob Sie Ihr Diät-Pensum erledigt haben:

MORGENS

[ ] Atemübung (Seite 46)
[ ] Nüchternlauf (Seite 62)
[ ] Eiweiß-Shake (Seite 62)
[ ] Gemüse

MITTAGS

[ ] Magic Soup
[ ] Salat oder Gemüse
[ ] Atemübung

NACHMITTAGS

[ ] Magic Soup
[ ] Kleiner Muskel-Workout (Seite 56)
[ ] Fatburner-Drink

ABENDS

[ ] Magic Soup
[ ] Pilzrisotto
[ ] Atemübung

So, das war Ihr letzter Kohlsuppen-Tag. Nun können Sie mit den 77 magischen Tipps ab Seite 106 und dem, was Sie mit den sieben Zauberformeln (Seite 44) gelernt haben, Ihr Gewicht halten. Oder Sie machen weiter mit der Intervall-Diät (Seite 88).

Zwickt der Bund, drücken ein paar Pfunde, oder haben Sie einfach das Gefühl, Ihr Körper hat es verdient, kurz entgiftet und entschlackt zu werden? Dann legen Sie ein magisches Wochenende ein. Täglich schmilzt bis zu ein Pfund Fett weg – und jede Menge überschüssiges Körperwasser. Kohlsuppe ist übrigens auch das optimale Mittel, Ihr Gewicht zu kontrollieren. Rückt der Waagenzeiger wg. Schlemmertagen nach oben – dann schicken Sie ihn zwei Tage Kohlsuppe löffelnd einfach wieder auf den Weg zurück.

So starten Sie Freitag

Picken Sie sich ein Kohlsuppen-Rezept von einem der Starköche ab Seite 20 heraus und schreiben Sie einen Einkaufszettel.

Das magische Wochenende auf einen Blick

FREITAG

Abends
➤ Ab 16 Uhr nichts mehr essen (Seite 89)
➤ Atemübung (Seite 46) spült den Stress der Woche weg
➤ Kohlsuppe kochen
➤ Johanniskrauttee trinken

SAMSTAG

Morgens
➤ Atemübung (Seite 46)
➤ Nüchternlauf (Seite 62)
➤ Kohlsuppe
➤ rohes Gemüse

Mittags
➤ Magic Soup
➤ Atemübung

Nachmittags
➤ Kleiner Muskel-Workout (Seite 56)
➤ Fatburner-Drink

Abends
➤ Magic Soup
➤ Atemübung

SONNTAG

Morgens
➤ Atemübung (Seite 46)
➤ Nüchternlauf (Seite 62)
➤ Obstsalat mit Buttermilch oder Kohlsuppe

Mittags
➤ Magic Soup
➤ Atemübung

Nachmittags
➤ Kleiner Muskel-Workout (Seite 56)
➤ Fatburner-Drink

Abends
➤ Magic Soup
➤ Atemübung

➤ Nicht vergessen: Täglich mindestens 3 Liter stilles Mineralwasser und Tees trinken – ungesüßt, ohne Süßstoff.

➤ Und immer wenn der Hunger kommt: Kohlsuppe. Je mehr Sie davon essen, desto effektiver nehmen Sie ab.

Was Sie einkaufen müssen

➤ Die Zutaten für die Kohlsuppe Ihrer Wahl.

➤ Die Zutaten für den Fitness-Drink für Samstag und Sonntag.

➤ Frisches Obst und Gemüse der Saison – achten Sie auf niedrigen GLYX (Seite 82). Jede Menge Zitronen fürs Mineralwasser.

➤ Mineralwasser (still) und Früchte- oder Kräutertees, Gemüsesäfte aus dem Reformhaus. Besorgen Sie sich auch Johanniskrauttee in der Apotheke.

Was Sie zu Hause haben sollten:

➤ Laufschuhe für Ihre morgendliche Jogging- oder Walking-Runde – oder ein Trampolin.

➤ Ein Flexband (gibt's im Sportfachgeschäft) für das kleine Muskel-Workout.

➤ Eine Dose Eiweißpulver. Wer das nicht mag, nimmt Buttermilch oder Kefir.

Freitagabend kochen – und canceln

➤ Bereiten Sie sich schon Freitagabend einen großen Topf Kohlsuppe zu – ein Rezept reicht für zwei Tage. Legen Sie Ihre Lieblings-CD ein und schnipseln Sie fröhlich drauflos.

➤ Ganz wichtig: Canceln Sie Freitagabend das Dinner (Seite 89). Also ab 16 Uhr nichts mehr essen. Dann schwimmen schon Samstagmorgen freie Fettmoleküle von Hüfte und Po in Ihrem Blut, die Sie mit einem kleinen Nüchternlauf verbrennen – oder in 15 Minuten auf dem Trampolin weghüpfen.

➤ Wenn abends Hunger aufkommt, dann trinken Sie Johanniskrauttee. Er beruhigt den Magen. Aber nicht mehr als 1–2 Tassen. Trinken Sie viel Kräuter- oder Früchtetee, das bremst den Hunger aus.

Ein Topf magische Suppe – und schon beim Schnuppern fliehen die Pfunde ...

Welches Obst & Gemüse?

Seien Sie an diesem Wochenende ein bisschen wählerisch bei Obst und Gemüse. Setzen Sie auf »GLYX niedrig«.

Während es bei der 1-Wochen-Diät weniger eine Rolle spielt, ob Sie ab und zu Obst und Gemüse mit einem hohen GLYX essen (da Sie es ja nie gemeinsam mit Fett genießen), sollten Sie sich an diesem Wochenende nur an die Sorten mit niedrigem GLYX halten – damit Sie blitzschnell aus dem Zucker-lockt-Dickhormon-Kreislauf herauskommen (Seite 44).

GEMÜSE

Niedriger GLYX

Von diesem Gemüse können Sie Samstags essen, so viel Sie wollen:

Tomaten 15
Grünes Gemüse, Auberginen, Zucchini, Sellerie, Zwiebeln ‹15
Rohe Karotten 16
Grüne Bohnen 38

Hoher GLYX

Dieses Gemüse passt nicht ins Wochenende:

Karotten, gekocht 61
Kürbis 75
Rote Bete 64
Mais 55
Erbsen 50

OBST

GLYX niedrig

Machen Sie sich sonntags eine große Schüssel Obstsalat. Sorten zur Wahl:

Sauerkirschen 22
Pflaumen 39
Grapefruits 25
Beeren 30
Birnen 36
Äpfel 38
Pfirsiche 42
Orangen 43
Trauben 43

GLXY hoch

Dieses Obst an diesem Wochenende nicht essen:

Wassermelone 72
Ananas 60
Honigmelone 65
reife Bananen 62
Papaya 58
Aprikosen 57
Mango 55
Kiwis 53

Guten Morgen, Samstag!

➤ Wenn Sie aufwachen, strecken und recken Sie sich und trinken erst einmal das große Glas stilles Wasser (0,3–0,4 l), das auf dem Nachttisch steht. Es löst den gastrokolischen Reflex aus: 10 Minuten später müssen Sie dringend aufs Örtchen.

➤ Inzwischen machen Sie die Atemübung von Seite 46.

Laufschuhe schnüren

… und zwar bevor Sie Tee trinken – wenn es Ihnen nicht zu schwer fällt, sollten Sie Kaffee an diesen beiden Tagen meiden.

➤ Gehen Sie eine halbe Stunde an die frische Luft. Licht lockt das Glückshormon Serotonin, das gute Laune zaubert und gleichzeitig die natürlichste Appetitbremse ist. Bewegung heizt den Energiestoffwechsel an. Und Bewegung auf nüchternen Magen entschlackt und verbrennt die ganzen Fettmoleküle, die das Wachstumshormon letzte Nacht von den Hüften ins Blut beordert hat. Sie können Rad fahren, walken oder joggen (siehe auch Seite 54). Sollte das Wetter nicht mitspielen – und Sie wollen partout nicht raus, dann springen Sie einfach 15–20 Minuten auf dem Trampolin.

Von früh bis mittags

➤ Auch wenn es vielleicht ungewöhlich ist, aber machen Sie sich zum Frühstück einen schönen Teller Magic Soup heiß.

➤ Damit Sie immer, wenn der Hunger kommt, etwas zum Knabbern haben, schnitzeln Sie nach dem Frühstück Gemüse klein – Möhren, Rettich, Gurken, Radieschen, Papri-

Freundin anrufen:
Zu zweit läuft es sich
einfach viel schöner.

kaschoten, Fenchel, Tomaten in Stücke, Scheibchen oder Stifte. Diese sollten Sie den ganzen Tag über begleiten.

➤ Stellen Sie überall in der Wohnung eine Flasche stilles Wasser auf. Das erinnert Sie daran: Sie müssen trinken, trinken, trinken. Schon vormittags 1,5 Liter. Pressen Sie in jedes Glas eine halbe Zitrone. Ihr Vitamin C hilft beim Fettverbrennen.

Vergessen Sie nicht: trinken, trinken, trinken. Sie haben abends nichts vor? Dann machen Sie es sich gemütlich. Nichts passt besser dazu als Tee.

➤ Und lösen Sie 1-mal am Tag eine Kalzium-Brausetablette im Glas auf und 1-mal Magnesiumpulver. Auch diese beiden Mineralien mixen mit im Fettstoffwechsel.

➤ Mittags wärmen Sie die Kohlsuppe auf – und essen immer dann einen Teller voll, wenn Sie Lust darauf haben. Je mehr Sie davon essen, desto effektiver entschlackt Ihr Körper.

Muskeln bilden & shaken

➤ 10 Minuten reichen, um wertvolle Muskeln aufzubauen, die dann auch nach dem Wochenende noch Fett verbrennen. Die Anleitung dazu finden Sie auf Seite 56.

➤ Danach trinken Sie den Fatburner-Shake. Ihre Muskeln hungern nun nach Eiweiß.

Fatburner-Shake

100 g Beeren
0,2 l Trinkmolke oder Buttermilch
Saft von 1 Limette
2 TL Sanddornmark
2 EL ungesüßte Kokosnussmilch
wer will: 2 EL Eiweißpulver

● Alle Zutaten in den Mixer geben. Deckel auflegen und 15 Sekunden kräftig durchmixen. Drink in ein hohes Glas füllen und mit Minzeblättchen garnieren.

Und abends ...

… machen Sie sich wieder Kohlsuppe heiß. Und wenn Sie auf eine Party oder zu Freunden gehen, dann nehmen Sie doch einfach eine Thermoskanne voll Kohlsuppe mit. Bis zum Einschlafen können Sie Kohlsuppe löffeln, so viel Sie wollen.

BAUCH WEG

Beim Abnehmen wollen wir Erfolge sehen – nur manchmal ist einem der Blähbauch da im Weg.
Und wenn Ihre Darmbakterien Ballaststoffe nur selten begrüßen, dann ist es ganz natürlich, dass sich mit der Kohlsuppe der Bauch etwas wölbt. Ballaststoffe bringen Ihre Darmbakterien auf Hochtouren – und sie produzieren Gase.
Gegen das kleine Volk der Darmbakterien sind Sie aber nicht machtlos. Beachten Sie einfach folgende Bauchweg-Tipps:

Hallo, Sonntag!

➤ Auch heute starten Sie wieder mit dem Glas Wasser, Atemübungen und Ihrer Bewegungsrunde: 30 Minuten nüchtern im Freien oder 15 Minuten auf dem Trampolin.

➤ Und dann: Schnipseln Sie eine große Schüssel Obstsalat und trinken Sie vorher ein Glas Buttermilch – wenn Sie wollen mit 2 Esslöffeln Eiweißpulver. Sie wollen lieber Kohlsuppe? Natürlich. Das geht auch. Sie können damit aber auch bis mittags warten. Und die Energie frischer Früchte tanken.

➤ Tipp für unterwegs: eine große Portion Kohlsuppe mit dem Zauberstab pürieren. Und wenn Sie auf Achse sind, einfach trinken.

➤ Am Nachmittag sollten Sie wieder eine kleine Pause finden, in der Sie Ihre Muskeln aktivieren, wie auf Seite 56 beschrieben. Und danach shaken Sie sich einen Fatburner-Drink. Und abends essen Sie was? Kohlsuppe – so viel Sie wollen, so viel noch da ist.

➤ Blähendes Gemüse wie rohe Paprika und Zwiebeln lieber nur bis mittags essen. Zu viel Rohkost am Abend ist auch nicht gut.

➤ Kümmel-, Fenchel- oder Anistees treiben Blähungen weg, lösen Krämpfe.

➤ Massieren Sie den Bauch sanft, mit warmen Händen, im Uhrzeigersinn.

➤ Und eine Trockenbürstenmassage bringt nicht nur den Kreislauf in Schwung, sondern strafft auch das Bindegewebe am Bauch.

Ab in die Wanne

Ein Honig-Kräuter-Bad kurbelt die Durchblutung an, hilft beim Entgiften und Entschlacken. Zusatz-Benefit: Es strafft die Haut. Das Rezept: 100 g Brombeerblätter (aus der Apotheke) mit 1 Tasse heißem Wasser überbrühen, 10 Minuten ziehen lassen, dann abseihen. Sud mit 1 Teelöffel Honig plus 5 Tropfen ätherischem Lavendelöl in die warme Wanne schütten. 15 Minuten darin entspannen – und ab ins warme Bett.

Am Montagmorgen werden Sie sich viel leichter fühlen – und wenn Sie wollen, können Sie dann auch auf die Waage steigen. Und? Wie erfolgreich waren Sie?

Zielgerade zur Traumfigur

> Mit der Intervall-Diät geht's einfach, stressfrei, köstlich: Sie schmilzt auch die letzten Polster weg. Wenn Sie also noch ein paar Pfunde abnehmen wollen, dann hängen Sie einfach ein bis zwei Wochen Intervall-Diät an. Damit tricksen Sie auch den Jo-Jo-Effekt aus. Und mit den 77 magischen Tipps ab Seite 106 kommen die Pfunde nie mehr wieder. Wetten, dass …?

Intervall heißt: genießen, und nicht darben! Nach einem Tag Kohlsuppe freut sich der Gaumen auf Lebensmittel, die Sie schlank machen, während Sie essen.

➤ Intervall heißt: Einem Kohlsuppen-Tag folgt ein Fatburner-Tag. An diesem Tag essen Sie im Grunde »normal«, aber nur Lebensmittel, die Sie schlank machen, während Sie genießen.

➤ Verwöhnen Sie Ihre 70 Billionen Körperzellen an den Kohlsuppen-Tagen auch mit Gemüse – wie am zweiten Tag der magischen Woche (Seite 66). Am Fatburner-Tag stehen Obst und Gemüse auf dem Plan, so viel Sie wollen – und Sie kochen nach den Rezepten ab Seite 92.

➤ Die Rezepte für mittags und abends sind austauschbar. Sie können auch die Tage beliebig wechseln. Und wenn Ihnen etwas besonders gut schmeckt, dann kochen Sie es einfach noch einmal.

➤ Trinken Sie 3 Liter täglich: Mineralwasser – und jedes Glas mit dem Saft einer halben Zitrone. Auch gut: Gemüsesäfte und ungesüßte Tees. Abends ist ein Gläschen trockener Wein erlaubt.

➤ Natürlich sollten Sie sich auch an den Fatburner-Tagen bewegen (Seite 54)!

Warum der Intervall-Trick wirkt

Auf längerfristige Kalorienreduktion reagiert der Körper mit seinem »Notprogramm«, er fährt den Stoffwechsel runter. Verbrennt einfach weniger Kalorien. Isst man wieder mehr, nimmt man leicht wieder zu, weil das Notprogramm erst mal weiterläuft.

Auf kurzfristig »mal viel« und »mal wenig« Kalorien allerdings reagiert unser Körper gelassener. Millionen Jahre lang, bis vor kurzer Zeit, war es nämlich völlig normal, an einem

Tag wenig Nahrung zu finden und am nächsten mit Jagd- und Sammlerglück den Teller zu füllen. Das bedeutet: Mit der Intervall-Diät schraubt Ihr Körper den Stoffwechsel nicht runter. Sie können also ruhig noch ein bis zwei Wochen Diät anhängen.

Interview mit Dr. Johannes Wagner

Was versteht man unter der Intervall-Diät?

Der Trick ist: essen wie ein Steinzeitmensch. Der fand an einem Tag nur eine Wurzel, am nächsten erlegte er ein Mammut. Wenn Sie nun an einem Tag wenig Kalorien aufnehmen und am nächsten Tag normal, aber gesund essen, merkt der Körper nichts von der Mangelsituation. Er sieht keine Veranlassung, auf Sparschaltung zu gehen. Die Pfunde schwinden, der Jo-Jo-Effekt stellt sich nicht ein.

Ist die Intervall-Diät auch etwas für Menschen, die ihren Energieverbrauch durch viele Diäten auf wenige hundert Kalorien gedrosselt haben?

Ja, wir haben in der Klinik schöne Erfolge – auch bei stark Übergewichtigen. Mit der Intervall-Diät kann man den Grundumsatz wieder hochtrainieren. Natürlich muss man dazu auch Muskulatur aufbauen.

Und wie sieht diese Diät in der Praxis aus?

Eine geniale Kombination: Dinner-Canceling (heißt: Abendessen streichen) und Kohlsuppe. Von der Suppe kann man essen, so viel man will. Sie versorgt den Körper mit allen wichtigen Mineralien, Vitaminen und sekundären Pflanzenstoffen. Am nächsten Tag isst man normal, aber gesund – versucht mit Zucker, Weißmehl und Fett bewusst umzugehen. Man streicht zweimal pro Woche das Abendessen,

Dr. Johannes Wagner ist Endokrinologe und leitet die Hormonabteilung der Schlossklinik Abtsee in Laufen. Sein Spezialgebiet: Anti-Aging und Übergewicht.

Mit Bewegung und richtigem Essen locken Sie das Wachstumshormon. Es macht Sie schlank im Schlaf.

trinkt ab 4 Uhr nachmittags nur Johanniskrauttee. Das beruhigt den Magen.

Kein Abendessen? Warum?

Wenn wir ab 16 Uhr keinerlei Kalorien mehr zu uns nehmen, geraten wir nachts zwischen 0 und 1 Uhr, in der Aktivzeit des Wachstumshormons (STH), in einen Unterzucker. Das ist der stärkste Stimulus, noch mehr Wachstumshormon auszuschütten.

Und das macht schlank im Schlaf?

Das STH ist in der Lage, die Lipolyse, also die Fettverbrennung, einzuleiten, Fettmoleküle freizusetzen. Wenn man dann noch auf die Idee kommt, vor dem Frühstück zu walken oder zu joggen, werden diese freigesetzten Fettsäuren verbrannt – wir haben einen hervorragenden Schlank-Effekt.

Bewegung muss sein?

Unbedingt. Ohne Bewegung bleibt das Fett im Körper.

Wie viel kann man denn mit Dinner-Canceling und Kohlsuppe abnehmen?

Zwei Kilo echte Fettmasse die Woche plus Entschlackungswasser. Durch das Dinner-Canceling steigt der Melatoninspiegel an. Das Hormon lässt uns gut schlafen und hält jung. Und das harmlose Verdauungs-Coenzym NAD wird freigesetzt, das Krebs vorbeugt.

Warum nimmt mit der gleichen Diät einer vier Kilo in der Woche ab, der andere zwei, ein Dritter gar nichts?

Das liegt an den Hormonen. Fett hängt nicht bloß unattraktiv an uns dran, es ist ein Gewebe, das auf Hormone reagiert und selbst Hormone produziert. Jemand, bei dem der Hormonhaushalt stimmt, nimmt leichter ab.

Welche Hormone mischen noch mit im Fettstoffwechsel?

Das Fettgewebe steht unter dem Schutz des Insulins. Man kann kein Fett abbauen, solange Insulin im Blut schwimmt. Zwei Stunden nach der Nahrungsaufnahme ist der Fettabbau blockiert. Vor allem, wenn man Zucker und Weißmehlprodukte isst oder Süßes trinkt.

Auch Testosteron und Adrenalin bestimmen über dick und dünn?

Wir sind Steinzeitmenschen. Ein Bauch schützt den alternden Jäger, dem das Powerhormon Testosteron ausgeht: In seinem kleinen Notbauch steckt ein Vorrat an Energie, der ihm bei seiner Jagd hilft – oder bei der Flucht. Beides Situationen, in denen der Körper Adrenalin ausschüttet, um das Fettgewebe zu mobilisieren. Adrenalin plus Bewegung verbrennt die Fettmoleküle. Weil das zur Tagesordnung gehörte, baute er sein Notbäuchlein immer wieder ab: Das Adrenalin ordert die Fettmoleküle aus der Fettzelle und schickt sie zur Verbrennung in die Fettöfchen der Muskeln.

Wir leben aber nicht mehr in der Steinzeit …

Genau. Wir rennen zwar auch ab und zu durch den Wald, nur rennt kein Bär hinter uns her, der unser Adrenalin mobilisiert. Wenn wir uns aufregen, bleiben wir sitzen. Selten trifft Adrenalin auf Bewegung – deswegen bauen wir das Fett nicht ab.

Was kann man tun?

Stellen Sie einen Stepper ins Büro – und immer, wenn es stressig wird, nichts wie rauf.

Es gibt Menschen, die sagen: Mich macht Joghurt dick, mich Schokolade, mich Wurst …

Wir haben fünf Prozent Patienten, die heilige Eide schwören, dass sie alles machen und trotzdem nicht abnehmen. Dahinter steckt, was wir eine »Leibspeisenunverträglichkeit auf IgG-(Immunglobulin G-)Basis« nennen.

Lieblingsessen macht dick?

Genau. Man sagt: Ich brauche, um leben zu können, ein Stück Geräuchertes oder einen Apfel, Roggenbrot oder Joghurt. Der Körper bildet gegen diese Leibspeisen IgG-Antikörper.

Stress? Dann nutzen Sie Ihr Adrenalin im Körper zum Fettabbau. Hüpfen Sie Seil oder steigen Sie auf den Stepper.

Wenn wir sie nicht essen, geht es uns schlecht – wie bei einem Kater. Wenn wir sie essen, geht es uns gut.

Warum macht das dick?

Die IgG-Antikörper verhindern die Lipolyse, blockieren die Fettzellen – wie das Insulin. Verblüffend ist, wenn man diese Nahrungsmittel sechs Wochen meidet, kommt der ersehnte Schub. Pfunde fliehen.

Dies ist der Auszug aus einem Interview, das die Autorin für die Zeitschrift BUNTE führte.

Frühstück

Hirse-Orangen-Porridge

30 g Hirse
1 Orange
75 g Joghurt (1,5 % Fett)
1 TL Ahornsirup
1 Messerspitze Zimt
1 TL Pistazienkerne

1 Die Hirse in einem Sieb heiß abspülen. Mit 60 ml Wasser aufkochen und zugedeckt bei schwacher Hitze 15 Minuten quellen lassen.
2 Die Orange samt der weißen Haut schälen und filetieren, den dabei abtropfenden Saft auffangen.
3 Die Hirse vom Herd nehmen, mit dem Joghurt, Ahornsirup, Zimt, Orangensaft und Orangenfilets vermischen. Den Hirsebrei auf einen tiefen Teller geben. Die Pistazien hacken und darauf streuen.

Snack

Scharfe Rettichsandwichs

● 4 Rettichscheiben von etwa 0,5 cm Dicke beidseitig salzen. 1 EL fettreduzierten Frischkäse (6–8 % Fett) mit 1 TL Chilisauce vermischen, auf 2 Rettichscheiben streichen. Mit jeweils 1/2 TL Schnittlauchröllchen bestreuen und mit einer zweiten Rettichscheibe belegen.

Mittags

Salatherzen mit Joghurtremoulade

2 kleine, feste Salatköpfe oder Salatherzen
1 Tomate
2 EL Zitronensaft
Kräutersalz
schwarzer Pfeffer
1 hart gekochtes Ei
2 TL Sonnenblumenöl
100 g Joghurt (1,5 % Fett)
1 TL Kapern
1 TL Kapernsud
5 Schnittlauchhalme
3 Zweige Petersilie
4 Blätter Basilikum

1 Die Salatherzen von den äußeren Blättern befreien, längs halbieren, waschen und gut abtropfen lassen. Die Tomate waschen, vom Blütenansatz befreien, vierteln, entkernen und fein würfeln.
2 Die Salatherzen auf einen großen Teller legen und die Tomatenwürfel darüber geben. 1 1/2 EL Zitronensaft, Kräutersalz und Pfeffer verrühren und über die Salate träufeln.
3 Für die Remoulade das Ei pellen und halbieren, das Eigelb herausholen und mit dem Öl zu einer Paste verrühren. Joghurt, 1 EL Wasser und den übrigen Zitronensaft cremig verrühren. Kapern und Eiweiß fein hacken, mit dem Kapernsud und dem Joghurt untermischen.
4 Den Schnittlauch abbrausen, trockenschütteln und in feine Röllchen schneiden. Die Petersilie waschen, ebenfalls trockenschütteln, die Blättchen abzupfen und mit den Basilikum-

TIPP

RESTE-VERWERTUNG
Schneiden Sie das Gemüse, das beim Kochen übrig bleibt, in Streifen und essen Sie es tagsüber als »Knabberzeug« zwischendurch.

blättern klein hacken. Die Kräuter unterrühren, mit Salz und Pfeffer würzen. Die Remoulade über die Salatherzen ziehen. Dazu schmeckt Roggenbrötchen.

Abends

Kabeljaufilet mit Spinat

200 g Blattspinat
1 Schalotte
1 kleine Knoblauchzehe
3 TL Olivenöl
Salz
schwarzer Pfeffer
4 kleine Champignons (etwa 50 g)
150 g Kabeljaufilet
1 unbehandelte Zitronenscheibe
2 TL Zitronensaft
3 Zweige Dill

❶ Den Spinat verlesen, gründlich waschen und grobe Stiele entfernen. Die Schalotte und die Knoblauchzehe pellen und fein würfeln.
❷ In einer Pfanne 1 TL Olivenöl erhitzen, die Schalotte und den Knoblauch darin andünsten. Den Spinat tropfnass dazugeben und zugedeckt in 2–3 Minuten zusammenfallen lassen. Mit Salz und Pfeffer würzen.
❸ Den Backofen auf 225° vorheizen. Ein Stück Alufolie von etwa 30 x 30 cm mit 1 TL Öl einpinseln und den abgetropften Spinat darauf legen. Champignons kurz abbrausen, Stielenden abschneiden und Pilze in feine Scheiben schneiden. Auf dem Spinat verteilen. Das Kabeljaufilet darauf legen, leicht salzen und pfeffern. Die Zitronenscheibe auf den Fisch legen. Alles mit dem Zitronensaft und dem übrigen Olivenöl beträufeln.
❹ Die Folie über dem Fisch zusammenfalten und zu einem Päckchen fest verschließen. Auf ein Backblech legen und im Ofen etwa 15 Minuten (Gas Stufe 4, Umluft 200°) dünsten.
❺ Den Dill abbrausen, die Blättchen abzupfen und hacken. Die Folie öffnen und den Dill obendrauf streuen.
Dazu schmeckt Vollkornbaguette.

➤ Blitz-Variante: Nehmen Sie statt frischem Spinat tiefgekühlten Blattspinat. Über Nacht auftauen lassen und dann leicht ausdrücken.

Kabeljaufilet
mit Spinat, schonend
in Folie gegart.

93

Frühstück

Kohlrabi-aufstrich

mit Sonnenblumenkernen

1 TL Sonnenblumenkerne
40 g Magerquark
2 TL Zitronensaft
1/2 TL Walnussöl
Salz, schwarzer Pfeffer
1/4 Kohlrabi (etwa 60 g)
2 Zweige Petersilie
1 Scheibe Vollkornbrot

1 Die Sonnenblumenkerne in einer kleinen Pfanne bei mittlerer Hitze goldbraun rösten.
2 Den Quark mit Zitronensaft und Walnussöl cremig verrühren, salzen und pfeffern.
3 Den Kohlrabi schälen und grob raspeln. Die Petersilie waschen, Blättchen abzupfen und fein hacken. Beides unter den Quark mischen, mit Salz und Pfeffer abschmecken. Auf das Vollkornbrot verteilen und mit den gerösteten Sonnenblumenkernen bestreuen.

Snack

Erdbeeren mit Vanillequark-Dip

● 125 g Erdbeeren waschen, Stielansätze dranlassen. 3 EL Quarkzubereitung (0,2 % Fett) mit 1 EL fettarmer Milch und 1/4 TL gemahlener Vanille cremig rühren. Die Erdbeeren in den Dip stippen und genießen.

Mittags

Matjessalat

mit Birnen und Bohnen

Salz
100 g grüne Bohnen
1 zartes Matjesfilet (etwa 75 g)
1/2 kleine rote Zwiebel
1/2 kleine Birne (etwa 75 g)
2 TL Zitronensaft
4 Zweige Dill
1 EL Weißweinessig
schwarzer Pfeffer
1 EL kaltgepresstes Rapsöl
1 EL saure Sahne (10 % Fett)

1 In einem Topf Salzwasser zum Kochen bringen. Die Bohnen waschen und die Enden abknipsen. Die Bohnen ins kochende Salzwasser geben und in 5–7 Minuten bissfest garen. Dann abgießen, eiskalt abschrecken, abtropfen lassen. Die Bohnen halbieren.
2 Inzwischen das Matjesfilet abbrausen, trockentupfen und schräg in etwa 2 cm breite Stücke schneiden. Die Zwiebel schälen und in feine Halbringe schneiden. Die Birnenhälfte gut waschen, halbieren, entkernen und samt Schale quer in dünne Scheibchen schneiden. Gleich mit dem Zitronensaft beträufeln, damit sie nicht braun werden. Den Dill waschen, trockenschütteln, abzupfen und hacken.
3 In einer Schüssel Essig, Salz, Pfeffer, Öl und saure Sahne mit einem Schneebesen verquirlen. Bohnen, Zwiebeln, Birnen, Matjes und Dill darin wenden. Noch mal abschmecken und 10 Minuten durchziehen lassen. Dazu passt Pumpernickel.

Abends

Kichererbsen-
eintopf
mit Gremolata

80 g Kichererbsen (frisch gekocht oder
  aus der Dose)
$1/_2$ kleiner Zucchino (etwa 100 g)
$1/_2$ gelbe oder rote Paprikaschote (etwa 80 g)
1 kleine Zwiebel
1 Knoblauchzehe
2 TL Olivenöl
1 kleiner Rosmarinzweig
Salz
schwarzer Pfeffer
1 Messerspitze rosenscharfer Paprika
175 ml Tomatensaft
75 ml Gemüsebrühe
4 Zweige Petersilie
$1/_2$ unbehandelte Zitrone

❶ Die Kichererbsen in einem Sieb gut abtropfen lassen. Den Zucchino und die Paprikaschote waschen, putzen und in zentimeter-
kleine Würfel schneiden. Die Zwiebel und den
Knoblauch abziehen und klein würfeln.
❷ Das Olivenöl erhitzen, die Zwiebel und die
Hälfte des Knoblauchs glasig dünsten. Gemü-
sewürfel und Kichererbsen zugeben und kurz
andünsten. Den Rosmarinzweig hinzufügen,
mit Salz, Pfeffer und Paprikapulver würzen.
❸ Mit Tomatensaft und Brühe auffüllen, langsam aufkochen und zugedeckt bei schwacher
Hitze 10–12 Minuten köcheln lassen.
❹ Inzwischen die Petersilie waschen, trockenschütteln, die Blättchen von den Stielen

zupfen und fein hacken. Die Zitrone heiß waschen, trockenreiben, die Schale ohne die
weiße Haut dünn abschälen und in kleine Würfel schneiden. Die Petersilie, den übrigen
Knoblauch und die Zitronenschale vermischen.
Den Eintopf anrichten und mit der Gremolata
bestreuen.
Dazu schmeckt Vollkornbaguette.

Kichererbseneintopf
mit Gremolata, einer
frischen Würz-
mischung aus Peter-
silie, Knoblauch und
Zitronenschale.

95

Mango auf Kokosquark, garniert mit frischer Minze.

❸ Die Quarkzubereitung mit dem Limetten-saft, Birnendicksaft und 2 TL Kokosraspel ver-rühren. Den Kokosquark auf einem flachen Teller verteilen, die Mangospalten darauf de-korativ anrichten, mit den übrigen Kokosras-peln bestreuen und mit der Minze garnieren.

Snack
Tomaten-Kräuter-Mix

● 2 Tomaten würfeln. $1/4$ kleine rote Zwiebel, 4 Blätter Basilikum und 4 Zweige Petersilie fein hacken. Alles im Mixer oder mit dem Pürierstab fein pürieren, mit Salz und Pfeffer abschmecken. Mit 100 ml kaltem Gemüsefond (Glas) auffüllen, umrühren. In ein Glas füllen und 1 TL fettarmen Joghurt obendrauf geben.

Mittags
Hähnchenbrust-filet
auf Sauerkrautsalat

150 g frisches Sauerkraut
1 EL Zitronensaft
1 TL Akazienhonig
Kräutersalz
schwarzer Pfeffer
1 TL Walnussöl
1 Möhre (etwa 80 g)
50 g blaue Weintrauben
2 Walnusskerne (etwa 5 g)
100 g Hähnchenbrustfilet
1 TL Sonnenblumenöl
50 g Dickmilch (3,5 % Fett)
1 TL Schnittlauchröllchen

Frühstück
Mango auf Kokosquark

1 EL Kokosraspel
1 kleine Mango (250 g)
125 g Quarkzubereitung (0,2 % Fett)
2 TL Limettensaft
1 TL Birnendicksaft
1 Zweig Minze

❶ Die Kokosraspel in einer Pfanne ohne Fett goldbraun rösten, herausnehmen und abküh-len lassen.
❷ Die Mango schälen, das Fleisch in schma-len Spalten vom Stein schneiden.

1 Das Sauerkraut zerpflücken, in eine Schüssel geben und mit dem Zitronensaft, Honig, Salz, Pfeffer und Walnussöl vermischen.

2 Die Möhre putzen, schälen und auf der Gemüsereibe grob raspeln. Die Weintrauben waschen, halbieren und entkernen. Die Walnüsse grob hacken. Die Möhren, Trauben und Nüsse unter das Kraut mischen.

3 Das Hähnchenbrustfilet trockentupfen, auf beiden Seiten pfeffern. Eine kleine beschichtete Pfanne mit dem Sonnenblumenöl einpinseln und erhitzen, das Fleisch darin auf beiden Seiten bei mittlerer Hitze etwa 5 Minuten braten. Aus der Pfanne nehmen, salzen und abkühlen lassen.

4 Den Sauerkrautsalat auf einem Teller anrichten. Die Dickmilch als Klecks obendrauf geben und mit dem Schnittlauch bestreuen. Das Hähnchenfilet schräg in Scheiben aufschneiden und daneben anrichten. Dazu schmeckt Kornspitz.

Abends

Gebratene Nudeln mit Tofu

2 TL Limettensaft
3 TL Erdnussöl
Salz
schwarzer Pfeffer
$\frac{1}{2}$ TL fein gewürfelte rote Chilischote
100 g Tofu
50 g feine chinesische Eiernudeln
1 Frühlingszwiebel
1 Möhre (etwa 80 g)
4 frische Shiitakepilze (etwa 25 g)
50 g frische Mungobohnensprossen

1 Stück Ingwer (5 g)
1 EL Sojasauce
2 EL Gemüsebrühe

1 Den Limettensaft, 1 TL Erdnussöl, Salz, Pfeffer und Chilischote in einem Schälchen verrühren. Den Tofu in kleine Würfel schneiden, in der Marinade wenden und 30 Minuten ziehen lassen.

2 Inzwischen Salzwasser zum Kochen bringen und die Nudeln darin 2–3 Minuten garen. In ein Sieb abgießen und gut abtropfen lassen.

3 Die Frühlingszwiebel waschen, putzen und in feine Ringe schneiden. Die Möhre putzen, schälen und in dünne Stifte schneiden. Die Pilze abreiben, die Stiele abtrennen und die Hüte in feine Scheiben schneiden. Die Sprossen kalt abbrausen und gut abtropfen lassen. Den Ingwer schälen und fein würfeln.

4 In einer beschichteten Pfanne 1 TL Öl verstreichen und stark erhitzen. Den Tofu aus der Marinade nehmen, kurz abtropfen lassen und im heißen Öl in 1–2 Minuten knusprig braun braten. Aus der Pfanne nehmen.

5 Mit dem übrigen Öl nach und nach den Ingwer, die Frühlingszwiebeln, Möhren, Pilze und Sprossen 2–3 Minuten unter Rühren braten. Die Nudeln in die Pfanne geben und alles noch 2–3 Minuten bei starker Hitze vermischen. Die Marinade vom Tofu, die Sojasauce und die Brühe zugeben und alles einmal aufkochen lassen. Mit Salz und Pfeffer abschmecken.

Shiitake heißt er in Japan, Tongu in China: Der fleischige Zuchtpilz aus Asien besticht durch seinen äußerst aromatischen Geschmack.

TIPP

RÜHREND BRATEN

In der asiatischen Küche brauchen Sie nur wenig Fett zum Braten. Verwenden Sie nach Möglichkeit eine Antihaft-Pfanne oder einen beschichteten Wok. Etwas Öl mit dem Pinsel darin verstreichen und ganz heiß werden lassen.

97

Mal etwas anderes: türkischen Schafskäseteller zum Frühstück.

Frühstück

Türkischer Schafskäseteller

2 kleine Tomaten
1 kleine unbehandelte Gurke (etwa 100 g)
Salz, schwarzer Pfeffer
50 g milder Schafskäse (Feta)
4 schwarze Oliven
1/4 TL edelsüßes Paprikapulver
2 Scheiben Vollkornbaguette

❶ Die Tomaten waschen, vom Blütenansatz befreien und quer in 0,5 cm dicke Scheiben schneiden. Die Gurke waschen und ebenfalls in Scheiben schneiden. Die Tomaten- und Gurkenscheiben leicht überlappend auf einen Teller legen. Mit Salz und Pfeffer würzen.
❷ Den Schafskäse in Scheiben schneiden, mit den Oliven auf dem Teller anrichten und fein mit Paprika bestäuben.
Die Baguettescheiben dazu reichen.

Snack

Kiwi-Ananas-Salat

● 1 große Kiwi schälen und achteln, 2 Scheiben frische Ananas in Stücke schneiden. Kiwi und Ananas mischen, mit 1 TL Akazienhonig beträufeln. 4 Zitronenmelisseblätter streifig schneiden und untermischen.

Mittags

Gazpacho
mit Croûtons

1 Scheibe Vollkorntoast
2 TL Olivenöl
200 g Tomaten
$^1/_2$ Knoblauchzehe
$^1/_2$ grüne Paprikaschote (etwa 80 g)
1 TL Tomatenmark
5 EL Gemüsefond (aus dem Glas)
1 TL Zitronensaft
Salz, Cayennepfeffer
1 kleine Stange Sellerie

1 Toastbrot in kleine Würfel schneiden. Die Hälfte mit 2 EL Wasser beträufeln. Die übrigen Brotwürfel in einer Pfanne mit 2 TL Olivenöl goldbraun braten. Aus der Pfanne nehmen, abkühlen lassen.

2 Die Tomaten überbrühen, abschrecken, häuten, vierteln und entkernen, dann das Fruchtfleisch grob hacken. Die Knoblauchzehe pellen und hacken. Die Paprikaschote von Kernen und Trennwänden befreien, waschen und in sehr kleine Würfel schneiden.

3 Die Tomaten, den Knoblauch, die Paprika bis auf 1 EL und das eingeweichte Toastbrot in den Mixer geben. Tomatenmark und Gemüsefond hinzufügen und alles fein pürieren. Mit dem Zitronensaft, Salz und Cayennepfeffer pikant abschmecken. Abgedeckt 1 Stunde kalt stellen.

4 Den Sellerie waschen, putzen und sehr klein würfeln, mit den übrigen Paprikawürfeln und den Croûtons auf die Suppe streuen. Dazu passt Vollkorntoast.

Abends

Entenbrust
mit Mango

100 g Entenbrustfilet
6 Minzeblätter
$^1/_2$ unbehandelte Zitrone
schwarzer Pfeffer aus der Mühle
1 Stange Lauch (etwa 300 g)
1 kleine Mango (etwa 250 g)
2 TL Olivenöl, Salz
$^1/_2$ TL gemahlener Koriander
$^1/_2$ TL brauner Rohrzucker
3 EL trockener Weißwein

1 Das Entenbrustfilet häuten und in feine Streifen schneiden. 3 Minzeblätter fein hacken. Mit 2 TL Zitronensaft und Pfeffer mischen, das Fleisch darin 10 Minuten ziehen lassen.

2 Den Lauch gründlich waschen, putzen und in 0,5 cm dicke Scheiben schneiden. Die Mango schälen, entsteinen und in etwa 1,5 cm große Würfel schneiden. Die Zitronenhälfte mitsamt der weißen Haut schälen, klein würfeln.

3 In einer beschichteten Pfanne 1 TL Olivenöl erhitzen. Die abgetropften Entenstreifen unter Wenden in 2–3 Minuten braun anbraten. Herausnehmen, salzen und warm halten.

4 Den Lauch mit 1 TL Olivenöl in der Pfanne etwa 2 Minuten rührend braten. Koriander und Zucker darüber streuen und kurz anschwitzen. Den Weißwein angießen. Die Mango- und Zitronenwürfel hinzufügen und kurz mitdünsten. Die Entenstreifen unterheben und eben erhitzen. Alles salzen, mit reichlich frisch geschrotetem Pfeffer und der übrigen Minze bestreuen. Dazu schmeckt Vollkornreis.

> **TIPP**
>
> **FETT EINSPAREN**
>
> So ist Entenbrust auch bei einer Diät erlaubt: Die Fettschicht des Filets vor dem Braten entfernen und nur das dunkle, magere Fleisch verwenden.

TIPP

SCHUTZSTOFF FÜR DIE HAUT

Je feiner die Aprikosen püriert sind, desto besser kann der Körper das darin enthaltene Beta-Carotin verwerten. Außerdem fördert ein wenig Fett – hier vom Mandelmus – seine Aufnahme im Darm.

Frühstück

Aprikosenmus
auf Toastbrot

3 Aprikosen
1 TL Zitronensaft
1 TL Frutilose (Obstsüße – aus dem Reform-
haus)
1/2 TL Mandelmus (aus dem Reformhaus)
2 Scheiben Vollkorntoast
2 EL körniger Frischkäse
1 Zweiglein Minze

❶ Die Aprikosen waschen, halbieren und entsteinen. 3 Aprikosenhälften grob würfeln, mit Zitronensaft, Frutilose und Mandelmus fein pürieren.
❷ Toastbrote goldbraun rösten, mit dem Frischkäse und dem Aprikosenmus bestreichen. Toastbrot diagonal halbieren und mit den abgezupften Minzeblättchen garnieren.
❸ Die übrigen Aprikosen in dünne Spalten schneiden und neben dem Toast dekorativ anrichten.

Snack

Camembert-Tatar

● 40 g Camembert (14% Fett) klein würfeln. 1 kleine Frühlingszwiebel in feine Ringe schneiden. 3 Zweige Petersilie fein hacken. Alles mit 1 EL fettarmem Joghurt und 1/2 TL Senf vermischen. Mit Salz und edelsüßem Paprika abschmecken. Tatar auf 1–2 Radicchioblättern anrichten.
Dazu: 1 Scheibe Vollkornbaguette.

Mittags

Schinkensülze
mit Basilikumcreme

1 kleine Gurke (etwa 100 g)
1 kleine, feste Tomate
2 Scheiben gekochter Schinken (etwa 50 g)
Salz, schwarzer Pfeffer
1 1/2 Blatt weiße Gelatine
1/8 l Gemüsefond (aus dem Glas)
2 TL Apfelessig
75 g Quarkzubereitung (0,2 % Fett)
1 TL Zitronensaft
4–5 Blätter Basilikum

❶ Die Gurke putzen, schälen und längs halbieren. Die Hälften in feine Streifen schneiden. Die Tomate waschen, vom Blütenansatz befreien und in Scheiben schneiden.
❷ Die Schinkenscheiben locker auf einem tiefen Teller auslegen. Erst die Tomatenscheiben, dann die Gurkenstreifen darauf verteilen, leicht salzen und pfeffern.
❸ Die Gelatine in kaltem Wasser etwa 5 Minuten einweichen. Den Gemüsefond mit Wasser auf 150 ml auffüllen. Erhitzen, aber nicht kochen lassen. Die Gelatine ausdrücken und unter Rühren in dem heißen Fond auflösen. Mit Essig, Salz und Pfeffer würzen. Die Mischung über den Schinken gießen und etwa 2 Stunden lang in den Kühlschrank stellen.
❹ Vor dem Servieren den Quark mit dem Zitronensaft, Salz und Pfeffer vermischen. Die Basilikumblätter abreiben, fein hacken und untermischen. Die Quarkcreme auf der Tellersülze anrichten.
Dazu passt Vollkornbrot.

Abends

Dorade auf
Fenchel-Tomaten-Gemüse

1 kleine küchenfertige Dorade (etwa 300 g)
Salz, schwarzer Pfeffer
$^1/_4$ TL Fenchelsamen
1 Zweig Thymian
1 Fleischtomate (etwa 200 g)
1 Fenchel (etwa 250 g)
1 kleine Schalotte
1 kleine Knoblauchzehe
3 TL Olivenöl
1 TL Tomatenmark
75 ml Fischfond (aus dem Glas)

1 Die Dorade waschen, gut trockentupfen und die Haut 2- bis 3-mal schräg einschneiden. Innen und außen mit Salz und Pfeffer einreiben. Die Fenchelsamen zerdrücken und mit dem Thymianzweig in die Bauchhöhle stecken.

2 Den Backofen auf 225° vorheizen. Die Tomate mit kochendem Wasser übergießen, abschrecken und häuten. Das Fruchtfleisch vierteln, entkernen und klein würfeln. Den Fenchel putzen (das zarte Grün beiseite legen), vierteln und in feine Streifen schneiden. Schalotte und Knoblauch pellen und fein würfeln.

3 In einer Pfanne 2 TL Olivenöl erhitzen, die Schalotte und den Knoblauch darin andünsten. Die Fenchelstreifen dazugeben und etwa 5 Minuten dünsten. Die Tomatenwürfel, das Tomatenmark und den Fond untermischen, salzen und pfeffern.

4 Die Tomatenmischung in eine kleine Gratinform geben, die Dorade darauf legen und mit dem übrigen Olivenöl beträufeln. Im Ofen (Gas Stufe 4, Umluft 200°) etwa 15 Minuten braten. Das Fenchelkraut hacken und vor dem Servieren aufstreuen.
Dazu passt Kartoffelpüree.

➤ Variante: Statt in der Form können Sie die Dorade auch in Folie garen. Dazu die Gemüsemischung in einem Bratfolienschlauch verteilen, den Fisch darauf legen. Die Bratfolie nach Vorschrift verschließen und auf dem Rost (Mitte) in den kalten Ofen schieben. Auf 200° heizen (Gas Stufe 3, Umluft 180°) und den Fisch 25 Minuten dünsten.

Auch etwas für Gäste:
Dorade auf Fenchel-
Tomaten-Gemüse.

Erfrischend köstlich:
Sprossensalat
mit Shrimps.

Frühstück

Champignon-omelett
mit Putenbrust

75 g Champignons
1 Schalotte
1 TL Butter
1 EL Öl
1 Ei
2 EL kohlensäurehaltiges Mineralwasser
Salz, schwarzer Pfeffer
1/2 TL Thymian

4 Kirschtomaten
2 dünne Scheiben geräucherte Putenbrust
(etwa 30 g)
4 Blätter Basilikum

1 Die Champignons putzen und feinblättrig schneiden. Schalotte pellen und fein würfeln. Butter und Öl in einer kleinen beschichteten Pfanne erhitzen. Pilze und Schalotte darin bei mittlerer Hitze kurz andünsten.

2 Ei, Mineralwasser, Salz, Pfeffer und Thymian verquirlen. Über die Pilze gießen und bei schwacher Hitze in etwa 5 Minuten stocken lassen, dann wenden und noch 2 Minuten weiterbacken.

3 Kirschtomaten waschen und halbieren, die Basilikumblätter waschen. Omelett, Tomaten und Putenbrust auf einem Teller anrichten und mit dem Basilikum garnieren.

Snack

Marinierte Apfelscheiben

● 1 Apfel gründlich waschen, mit einem Ausstecher entkernen und quer in dünne Scheiben schneiden. Saft und abgeriebene Schale von 1 Limette mit 1/2 TL gemahlenem Ingwer, 1 TL Ahornsirup und 2 EL Apfelsaft verrühren. Über die Apfelscheiben träufeln. Mit feinen Streifen von Limettenschale und 2 TL Korinthen bestreuen.

Mittags

Sprossensalat mit Shrimps

100 g frische Mungobohnensprossen
100 g Zucchini
100 g zarter Blattspinat
1 kleine rote Paprikaschote (etwa 120 g)
1 Frühlingszwiebel
50 g geschälte Shrimps (Tiefseegarnelen)
2 EL Reis- oder Obstessig
1–2 EL Sojasauce
Salz, Cayennepfeffer
1 EL Distelöl
1 TL gehackte Cashewkerne

1 Die Sprossen in einem Sieb heiß abbrausen und gut abtropfen lassen. Die Zucchini waschen, putzen und auf der Gemüsereibe in feine Streifen raffeln. Den Spinat verlesen, von den harten Stielen befreien, gründlich waschen und gut abtropfen lassen. Die Paprikaschote halbieren, Kerne und Trennwände entfernen, die Hälften waschen und eine davon in kleine Würfel schneiden. Die Frühlingszwiebel putzen, waschen und schräg in feine Ringe schneiden. Die Shrimps kalt abspülen und abtropfen lassen.

2 In einer Schüssel den Essig mit der Sojasauce, etwas Salz und Cayennepfeffer sowie dem Distelöl verrühren. Alle Salatzutaten – Sprossen, Zucchini, Spinat, Paprika, Shrimps, Frühlingszwiebel – vorsichtig mit dem Dressing vermischen.

3 Die Cashewkerne in einer Pfanne ohne Fett rösten, zum Schluss auf den Salat streuen. Dazu schmeckt Sesam-Knäckebrot.

Abends

Auberginenreis mit Joghurt

$^1/_2$ kleine Zwiebel
$^1/_2$ kleine rote Peperoni
2 TL Olivenöl
50 g Naturreis (parboiled)
150 ml Gemüsebrühe
Salz, schwarzer Pfeffer
je 1 Messerspitze Zimt und Piment
100 g Aubergine
1 Möhre (etwa 75 g)
2 TL gehackte Mandeln (etwa 6 g)
50 g Joghurt (1,5 % Fett)
1 TL Zitronensaft

1 Die Zwiebel schälen und fein hacken. Die Peperoni putzen, waschen und winzig klein würfeln.

2 Das Öl in einem Topf erhitzen, die Zwiebel, die Peperoni und den Reis darin unter Rühren etwa 2 Minuten dünsten. Die Brühe dazugießen, mit Salz, Pfeffer, Zimt und Piment würzen. Aufkochen und zugedeckt bei schwacher Hitze in etwa 25 Minuten ausquellen lassen, zwischendurch öfter umrühren.

3 Inzwischen die Aubergine putzen, waschen und in kleine Würfel schneiden. Die Möhre putzen, schälen und klein würfeln. Beides nach 10 Minuten unter den Reis mischen. Die Mandeln in einer kleinen Pfanne ohne Fett goldbraun rösten. Den Joghurt mit Zitronensaft, Salz und Pfeffer verrühren.

4 Vor dem Servieren die Mandeln untermischen. Den Reis auf einem Teller mit dem Joghurt anrichten.

TIPP

REIS NATÜRLICH

Verwenden Sie Parboiled-Naturreis. Er wurde durch ein spezielles Dampfverfahren vorbereitet und hat eine kürzere Garzeit als gewöhnlicher Naturreis, der je nach Sorte 35 bis 50 Minuten braucht.

Gefüllte Tomate
mit Corned Beef.

Frühstück

Himbeer–Kefir–Suppe
mit Pumpernickel

100 g Himbeeren
2 TL Zitronensaft
1 TL Fruchtzucker
125 g Kefir (1,5 % Fett)
50 g Pumpernickel
2 getrocknete Aprikosen

1 Die Himbeeren waschen und putzen, 5 beiseite legen. Die Übrigen grob zerteilen, mit Zitronensaft und Fruchtzucker fein pürieren. Kefir unterrühren. In einen tiefen Teller füllen.

2 Den Pumpernickel fein hacken. Die Aprikosen fein würfeln. Beides mischen und mit den 5 Himbeeren auf die Suppe legen. Eventuell mit Zitronenmelisse garnieren.

Snack

Gefüllte Tomate
mit Corned Beef

● Von 1 Tomate einen Deckel abschneiden und die Tomate aushöhlen. 25 g Corned Beef und $1/8$ kleine rote Zwiebel fein würfeln. Mit 1 EL körnigem Frischkäse (20 % Fett) und 1 Büschel Kresse mischen, mit Salz und Pfeffer würzen. Die Masse in die Tomate füllen und mit Kresse oder Petersilie garnieren. Den Deckel wieder auflegen.

Mittags

Käse-Quark-Bällchen
auf Chicorée

125 g Magerquark
40 g Camembert (14% Fett)
1/2 Schalotte
3 Zweige Petersilie
Salz, schwarzer Pfeffer
gemahlener Kümmel
1 Chicorée (etwa 200 g)
2 TL Zitronensaft
1 Messerspitze Dijon-Senf
1 EL Sonnenblumenöl
edelsüßes Paprikapulver zum Bestäuben

1 Den Quark in einem Küchentuch ausdrücken. Den Camembert mit einer Gabel zerdrücken. Die Schalotte schälen und sehr fein würfeln. Die Petersilie abbrausen, die Blätter abzupfen und fein hacken.

2 Den Käse, die Schalotte und die Petersilie zum Quark geben und alles gründlich vermischen. Mit Salz, Pfeffer und Kümmel abschmecken. Die Käsemasse etwa 30 Minuten in den Kühlschrank stellen.

3 Inzwischen den Chicorée waschen, putzen und bis auf die zarten Blattspitzen in zentimeterbreite Streifen schneiden. Auf einem Teller dekorativ anrichten. Den Zitronensaft und den Senf mit Salz, Pfeffer und dem Öl verrühren, über den Chicorée träufeln.

4 Aus der Quarkmasse mit nassen Händen kleine Bällchen formen und auf dem Chicorée anrichten. Mit Paprikapulver fein bestäuben. Dazu passt Vollkornbrot.

Abends

Rotbarsch mit Kohlrabi

150 g Rotbarschfilet
2 TL Zitronensaft
Salz, schwarzer Pfeffer
1 TL mittelscharfer Senf
1 Kohlrabi (etwa 250 g)
1 TL Butter (etwa 5 g)
etwas abgeriebene Zitronenschale
(unbehandelt)
1 EL geriebener mittelalter Gouda
4 Basilikumblätter

1 Das Rotbarschfilet kurz kalt abspülen und mit Küchenpapier trockentupfen. Den Fisch auf beiden Seiten mit dem Zitronensaft beträufeln, salzen und pfeffern und mit dem Senf bestreichen.

2 Den Kohlrabi putzen, schälen, das zarte Kohlrabigrün beiseite legen. Die Knolle vierteln und in dünne Scheiben schneiden oder auf der Gemüsereibe hobeln.

3 Die Butter in einem breiten Topf aufschäumen lassen, die Kohlrabischeiben hineingeben und kurz andünsten, dabei rühren. Mit wenig Salz und Pfeffer sowie Zitronenschale würzen. Den Fisch hineinlegen und zugedeckt bei schwacher Hitze etwa 10 Minuten dünsten.

4 Mit dem geriebenen Käse bestreuen und noch etwa 5 Minuten bei geschlossenem Deckel garen, bis der Käse geschmolzen ist.

5 Die Basilikum- und Kohlrabiblätter waschen, fein hacken und vor dem Servieren über das Gericht streuen.
Dazu passen Pellkartoffeln.

TIPP

VITAMIN-BLÄTTER

Verwenden Sie die Blätter des Kohlrabi mit. Frisch und klein gehackt sind sie ernährungsphysiologisch sogar wertvoller als die Knolle selbst, reich an Beta-Carotin und Phosphor.

105

So sagen Sie den Pfunden endgültig Ade

Trinken Sie wie Nina Hagen täglich Weizengrassaft. Oder tanken Sie die Schlankkraft der Enzyme wie Leonardo Di Caprio. Essen Sie täglich Fatburner, meiden Sie Zuckerfallen … lesen Sie die 77 magischen Tipps, und die Pfunde schmelzen weiter. Wetten, dass?

Fit & schlank ein Leben lang

Sie haben nun einige Tage anders gelebt. Sie haben kein Fertigprodukt aufgewärmt, keine E-Nummern in Ihren Körper gestopft. Sie haben Vitalstoffe getankt. Ihre 70 Billionen Körperzellen glücklich gemacht. Ihre Seele machten Sie nicht hundertprozentig glücklich, aber doch ein bisschen, weil Sie abgenommen haben. Nun müssen Sie nur noch verstehen, wie es künftig weitergeht. In Ihrem neuen Leben – schlanker & fitter & mit guter Laune. Und das ist gar nicht so schwer. Machen Sie sich bewusst: Jedes Wurstbrötchen richtet etwas in Ihrem Körper an. Nichts Schlimmes. Ihr Körper verdaut einiges. Nur keine 365 Wurstbrötchen im Jahr.

Gedankliche Kost

Es ist nicht die eine Praline, die Gaumen und Seele glücklich macht. Nicht die Pizza, abends mit Freunden genossen. Auch nicht Mutters köstlicher Schweinebraten am Geburtstag. Nicht der Festtag zählt, nur die anderen 364 Tage. Das, was Sie täglich tun, schlägt sich auf

Ihrem Energiekonto und auf den Hüften nieder. Essen Sie ruhig die Praline. Aber achten Sie darauf, dass Ihr Körper mehr braucht. Ihre Zuwendung. Den richtigen Treibstoff. Die 77 Tipps helfen, sich täglich gesund und fit zu essen.

1 Der Sandeimer-Trick: Volksmusikkönig Karl Moik verlor 12 Kilo. Nach 3 Tagen Obst, Gemüse, null Schweinefleisch, kein Tropfen Alkohol: 3 Kilo weg. Er füllte einen Eimer mit 3 Kilo Sand und lief damit ums Haus. »Da habe ich zum ersten Mal gemerkt, was ich bisher mit mir rumgeschleppt habe – ein heilsamer Psychoschock.«
Machen Sie es nach. Füllen Sie die Kilos, die Sie in den letzten 7 Tagen verloren haben, in einen Sandeimer, laufen Sie damit ums Haus und starten Sie durch in ein schlankes, gesundes Leben.

2 Kalorienzählen macht dick, zeigen Studien. Wer sich ständig kontrolliert, kann gar nicht durchhalten. Slim-Formel Nr. 1: Vergessen Sie Kalorien und Joule!

3 Auf den Körper hören. Essen Sie mit Genuss und gutem Gewissen. Essen Sie dann, wenn Sie Hunger haben, das, worauf der Körper Gelüste hat, bis Sie satt sind – und nicht, bis der Teller leer ist. Wecken Sie wieder Ihre somatische Intelligenz, hören Sie darauf, was Ihr Körper von Ihnen will.

4 Stress futtert zu. Stress ist einer der schärfsten Dickmacher: Studien zeigen, dass Gestresste mehr, fetter, süßer essen. Machen Sie

Wie viel Kilos haben Sie verloren? Füllen Sie einen Eimer mit der entsprechenden Menge Sand – und laufen Sie ums Haus. Möchten Sie das wieder auf den Hüften haben?

regelmäßig Ihre Atemübungen von Seite 46, und lernen Sie eine Entspannungstechnik.

5 **Diät heißt Lebensart.** Es hilft auf Dauer nicht, Ihren Lebensmotor mit »Müll« zu füllen und dann immer wieder eine Diät zu machen. Diät ist eine Lebenseinstellung (Seite 17) – und die kann durchaus fröhlich sein.

Muskeln statt Speck

6 **Joggen, walken oder hüpfen** Sie pro Woche 2000 kcal davon (30 Minuten entsprechen 400 kcal). Das erhöht Ihren Fettstoffwechsel. Sie verbrennen jeden Tag mehr Kalorien.

7 **Trainieren** Sie mindestens 3-mal pro Woche Ihre Muskeln. Das ist Ihr Schlank-Kapital!

8 **TV-Radeln.** Stellen Sie sich einen Hometrainer vor den Fernseher. Was spricht dagegen, statt Chips zu essen, die Muskeln beim Krimi zu aktivieren? Nichts. Dafür spricht: Für eine Tüte Chips müssen Sie 40 km radeln.

9 **Frust-Ess-Bremse:** Wer sich bewegt, ist ausgeglichener und kompensiert Frust nicht über Essen, weil Stress und Sorgen auf der Sportstrecke bleiben.

10 **Slim-Activity:** Treffen Sie Ihre Freunde nicht nur beim Essen, sondern auch mal zum Wandern, Radfahren, Skaten …

Schlank und trainiert – ein tolles Gefühl!

Zauberformel: Five a day

11 Fünf am Tag: 600 g Gemüse und Obst sollten Sie täglich essen – mindestens: 2 Portionen Obst und 3 Portionen Gemüse. 1 Portion = »eine Hand voll« oder auch 0,2 l frischer Frucht- oder Gemüsesaft.

12 Powerstart: Essen Sie morgens eine große Schüssel Obstsalat. Dazu ein mageres Milchprodukt. Oder essen Sie, wie die Kreter, Vollkornbrot mit Olivenöl und Tomaten.

13 Die Hälfte roh! Reiben Sie sich täglich eine kleine Schüssel Rohkost: Apfel, Knollensellerie, Möhren. Mit 1 TL Olivenöl und Zitronensaft ein Gedicht.

14 Snacken Sie den ganzen Tag über Gemüsestreifen (Paprika, Gurken, Fenchel, Stangensellerie) mit einem Joghurt-Dip.

15 Gemüse-Tipp von Dr. Peter Schleicher: »Ich schneide 1 Kilo Brokkoli, Lauch, Zwiebeln, Zucchini, Paprika, Karotten und Zwiebeln klein. Karamellisiere 1 TL Honig, lösche ihn ab mit 3 EL Apfelessig, gebe 5 EL Olivenöl darauf. Gare die Gemüse darin bissfest. Das ergibt ein herrlich leichtes, süßsaures Gemüsegericht, von dem Sie den ganzen Tag über naschen können.«

16 Obst & Gemüse der Saison! Lange Transportwege laugen die sensiblen Früchte aus. Nach ein paar Tagen ist der Nährstoffgehalt gleich null. Hinzu kommt: Damit sie den Transport überstehen, werden sie unreif

Doping der erlaubten Art: Rohkoststreifen.

Täglich fünfmal mit Genuss: Obst und Gemüse satt.

geerntet. Nun lockt aber gerade in den letzten Reifetagen die Sonne 50 Prozent der Vitalstoffe in die Frucht. Essen Sie also Gemüse und Obst aus dem Umland.

17 Schlankkraft der Enzyme: Für den Film »The Beach« entledigte sich Leonardo Di Caprio seiner Rettungsringe mit Enzymen: Kiwis, Papayas, Melonen, Ananas. Dazu: Mineralwasser und Strandgymnastik.

FdH: Fett die Hälfte

18 Zwei Möglichkeiten: Schauspieler Clint Eastwood speckt mit fettarmen Sojaburgern ab. Und Joschka Fischer verbrennt sein Fett: Er joggt täglich 10 Kilometer.

19 Reduzieren Sie Fette wie Butter, Sahne, Margarine. Schneiden Sie Fettränder ab.

20 Nehmen Sie zum Kochen nur hochwertiges, kaltgepresstes Olivenöl, Sonnenblumenöl (zum Braten »high oleic«/Bratöl), Rapsöl und Erdnussöl. Und probieren Sie zum Salat ruhig auch feine Ölsorten wie Walnussöl.

21 Weiß wählen: Reduzieren Sie rotes Fleisch zugunsten von Seefisch und Geflügel. Wählen Sie öfter Wild statt Mastvieh. Das spart Kalorien und Arachidonsäure (ein Krankmacher).

22 Nulltarif: Essen Sie viel Hülsenfrüchte, Gemüse, Obst, Vollkorngetreide (Reis, Nudeln, Brot, Müsli), Kartoffeln und Salat – all das enthält kaum oder kein Fett.

23 Verzichten Sie möglichst auf Fertigprodukte. Naturbelassene Lebensmittel sind fettärmer und haben meist einen niedrigen GLYX.

24 Vorsicht Fettfallen: Kuchen, Torten, Eiscreme, Schokolade, Pizza, Wurst und der Fettschwamm Panade.

25 Wenn Wurst, dann hauchdünn. Beim Einkauf so fein schneiden lassen, dass Sie durchblicken können.

26 Magere Wahl an der Fleischtheke: Roastbeef, Putenaufschnitt, Schinken ohne Fett; Filet, Schnitzel, Lende.

27 Magic Müsli: Mixen Sie Ihr Müsli selbst. In Fertigmüslis steckt oft viel Fett und Zucker.

28 Light Cooking: Beschichtete Pfannen nur mit Öl auspinseln. Fett nach dem Anbraten von Fleisch aus der Pfanne gießen. Dünsten und Dämpfen schont Vitamine und Hüften. Auch vom Grill kommt »light«.

GLYX-Formel

29 Flüssige Zuckerfallen umschiffen: Cola-Getränke, Limonaden, Fruchtnektar und Bier locken das Dickhormon Insulin (Seite 44).

30 Idealer Slim-Sprit: Mineralwasser, Früchte- und Kräutertees, grüner Tee, Frucht- und Gemüsesäfte (ohne Zuckerzusatz, am besten frisch), Kombucha, Buttermilch, Kefir.

31 Wein: Kein Problem! Trinken Sie ruhig 1 bis 2 Gläschen am Tag auf Ihre Gesundheit und ein längeres Leben. Allerdings: Trocken muss der Wein sein.

32 Gesund süßen: Zucker ist eine tolle Erfindung. Allerdings nur als Gewürz. Setzen Sie ihn sparsam ein. Meiden Sie Fertigprodukte, in denen er steckt. Würzen Sie ruhig ab und zu mit der Süße der Natur: Ahornsirup, Apfel- oder Birnendicksaft süßen mit Geschmack, belasten aber auch den Insulinspiegel – also wohldosiert genießen!

Erste Wahl auch nach der Diät: kaltgepresstes Olivenöl.

TIPP

SUGAR-BASTA-FANS

Die neue Diät-Philosophie in Hollywood: kein Zucker, kein Weißmehl – hält das Model Rachel Hunter und die Sängerin Gloria Estefan schlank. Die bekannte Moderatorin Oprah Winfrey halbierte sich schier: Sie verlor 30 Kilo.

Tanken Sie auch weiterhin die Power von Eiweiß – am einfachsten per Eiweiß-Shake.

33 Fit vom Tank der Biene: Honig belastet Ihren Blutzuckerspiegel weniger, so Studien. Und er ist die ideale Fitness-Süße für Sportler.

34 Zaubermittel: Stevia. Das Honigblatt, mit dem die Indianer seit Tausenden von Jahren süßen, ist ideal. Es lockt nicht das Dickhormon Insulin. Nur hat es bei uns in Deutschland noch keine Zulassung als Nahrungsergänzungsmittel. In Japan steckt es seit 30 Jahren in den meisten süßen Lebensmitteln. Auch in den USA ist es zu haben. Man kann es sich für den Eigenbedarf auf dem Balkon ziehen. Sie wollen mehr wissen? Stöbern Sie ein bisschen im Internet, zum Beispiel unter medherb.de, oder fragen Sie im Reformhaus nach. Büchertipp Seite 114.

35 Zuckerzahn? Sie können vom Süßen nicht lassen? Dann mangelt es Ihnen vermutlich am Glückshormon Serotonin. Kalorienarme Alternative: Tanken Sie Licht. Dann steigt der Serotoninspiegel im Gehirn. Sprechen Sie mal mit Ihrem Arzt, es gibt auch Speziallampen.

36 Wenn süß – dann nachmittags. Vermeiden Sie, den ganzen Tag in der Insulin-Heißhunger-Falle herumzutappen. Tipp: Vanilleduft soll die Schokolust vertreiben. Gibt's als Pflaster.

37 Fatale Kombis: Hoher GLYX plus Fett schlägt sich doppelt auf der Hüfte nieder: Schweinebraten mit Knödel, Reis mit Sahnesauce, Butterbrot mit Marmelade, Pizza oder Pommes, Croissant mit Schokolade, Weißbrot mit Käse …

38 Schlanke Kombis: Lamm mit Naturreis. Putenbrust mit Kartoffeln. Pasta mit Gemüse. Naturreis mit Garnelen. Mozzarella mit Tomaten. Joghurt oder Müsli mit Früchten. Vollkornbrot mit Tomaten. Melone mit Schinken.

Das Eiweiß-Mirakel

39 Nimm drei: »Täglich 10 Kilometer laufen, eine riesige Schüssel Salat – und Eiweiß-Shakes«, heißt das Slim-Geheimnis von Bestsellerautorin Hera Lind.

40 Viermal täglich eine Portion Eiweiß: Geflügel, Fisch, Hülsenfrüchte, Kohlgemüse, Pilze, Milchprodukte in Magerstufe (Quark, Buttermilch, Käse).

41 Keine Zeit? Dann shaken Sie sich einen Eiweißdrink und essen Früchte, statt in Fast Food zu beißen.

42 Slim-Wunder: Fisch. Im Grunde sollten Sie fünfmal die Woche Fisch essen, am besten Seefisch. Fischöle putzen die Blutgefäße, schützen vor Herzinfarkt, sie stärken die Nerven und bewahren die Haut vor Krankheiten wie Neurodermitis, Schuppenflechte. Auch vorbeugende Wirkung gegen Diabetes und Rheuma gehen auf das Fisch-Konto.
Sein Eiweiß heizt die Fettverbrennung an. Zudem liefert er jede Menge Tyrosin, den gehirnaktiven Eiweißbaustein, aus dem der Körper die Schlankhormone Dopamin und Noradrenalin bastelt. Und kaum ein Lebensmittel (außer Algen) versorgt Sie so gut mit dem Stoffwechsel-Treibstoff Jod.

Body-Shaping

43 **Der Rubbel-Trick:** Tägliches Abrubbeln in der Dusche mit Sisalhandschuh oder Massagebürste regt die Durchblutung der Problemzonen an. Der Zellstoffwechsel kommt langfristig in Schwung, kleine Dellen glätten sich.

44 **Meer macht weniger:** Geben Sie 250 g Meersalz ins Badewasser. Entzieht Gewebewasser, strafft die Haut.

45 **Polster wegstreicheln.** Eine Lymphdrainage vom Masseur verwöhnt die Seele, bringt den Lymphfluss in Schwung, baut Stauungen und Schwellungen ab.

Schlank-Zauber Zeit

46 **Tauschen.** Zu 75 Prozent ernährt Sie die Industrie? Mit toten Lebensmitteln vom Fließband? Drehen Sie das Verhältnis unbedingt um: Essen Sie zu 75 Prozent Dinge, in die Sie selbst Zeit stecken. Dann können Sie zu 25 Prozent essen, worauf Sie Lust haben.

Die Bürste regt die Durchblutung an, ein Tässchen klare Brühe lockt Schlank-Hormone.

TIPP

47 SLIM-TALER

Umschiffen Sie Sonderangebote, investieren Sie bei Lebensmitteln lieber in Qualität – und damit in Ihre Gesundheit. Investieren Sie in den Apotheker, wenn Sie sich nicht hundertprozentig gesund ernähren. Besorgen Sie sich gute Vitalstoffpräparate. Vitamine und Mineralien sind Arbeiter in Ihrem Energiestoffwechsel. Fehlen sie, wird man dick.

48 **Wahl mit IQ:** Bereiten Sie mit Genuss zu, was Sie genießen. Dafür können Sie natürlich in die Tiefkühltruhe greifen: Sie müssen weder Ihr Huhn selbst rupfen noch den Fisch angeln, nicht mal das Gemüse müssen Sie putzen.

49 **Essen Sie langsam.** Das Hormon Cholezystokinin braucht 10 bis 20 Minuten, um dem Sättigungszentrum im Gehirn zu signalisieren: Genug!

50 **Slim-Start:** Die klare Brühe oder der Salat vor dem Hauptgang füllt den Bauch und lockt schon mal die Ich-bin-satt-Hormone.

51 **10-Minuten-Regel:** Wenn Essen lockt, erst 10 Minuten etwas anderes tun. Dann sind reine Gelüste verschwunden. Nur echter Hunger kann nicht länger warten.

111

Nibbeln heißt, immer mal wieder zwischendurch Vitalstoffe tanken.

10 magische Snacks …

… mal süß

53 Gemischte Trockenfrüchte: Aprikosen, Pflaumen, Äpfel
54 Frische oder getrocknete Feigen mit Ziegenkäse
55 Ungesüßtes Apfelmus mit Ingwerscheiben
56 Magerjoghurt mit frischen Beeren
57 Fruchtriegel (ohne Zucker)

… mal herzhaft

58 Avocado mit Kräutern und Zitronensaft
59 Vollkornkräcker mit Kräuterhüttenkäse
60 Geschälte Mandeln, Sonnenblumenkerne, Kürbiskerne
61 Vollkornbrezeln mit scharfem Senf
62 Tomaten mit Hüttenkäse

TIPP

63 SO FÜHLEN SIE SICH SCHLANK!

Denn wer sich zu dick fühlt, dem fällt das Abnehmen schwerer, so Studien.

In Turnschuhen fühlen Sie sich gleich fitter und leichter. Stöckelschuhe strecken abends das Bein. Tagsüber quälen sie den Fuß.

Schwarz und gedeckte Töne mogeln Pfunde weg. Ab 40 gilt: Die Farbe Beige macht nicht nur schlank, sondern wirkt an vielen Frauen auch verjüngend.

V-Ausschnitte strecken den Hals.

Ein gutes Outfit zeigt die Kurven: figurbetont, aber nicht zu eng.

Gerade Haltung, Schultern zurück, Brust raus – und der Bauch verschwindet.

Simsala-Snacks

52 Nibbeln Sie. In Ihren Genen steckt: Nibbeln – immer mal wieder etwas essen. Ihre Vorfahren pickten dort eine Wurzel, zwei Kilometer weiter eine Frucht, etwas später ein paar Beeren. Dürfen Sie auch. Snacken Sie – wenn Sie Hunger haben. Vitalstoffreich und GLYX-niedrig! Das hält gesund und schlank.

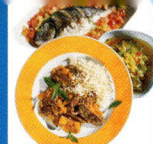

Fatburner von A bis Z

64 **Algen** liefern Jod, das unsere Energiezentrale, die Schilddrüse, Schlank-Hormone basteln lässt. Köstlichste Form: Sushi.

65 **Apfelessig** fördert den Fettabbau im Körper, dämpft die Lust auf Kalorienbomben wie Chips & Riegel. Essigsäure treibt den Stoffwechsel an, hilft beim Fettschmelzen. Rezept: 0,2 l Wasser mit 2 EL naturtrübem Apfelessig und 1 TL Honig mischen. Morgens in kleinen Schlucken trinken.

66 **Ascorbinsäure.** Übergewichtige leiden oft an Vitamin-C-Mangel. Folge: zu wenig Fett abbauende Enzyme. Günstige Abhilfe: Ascorbinsäurepulver aus der Apotheke. In jedes Glas Wasser eine Messerspitze voll rühren. Zusätzlich zur halben Zitrone.

67 **Austern** liefern Zink und Eiweiß. Vorboten guter Laune, Feinde des Fettes.

68 **Avocado,** die fetteste Frucht. Enthält aber Fettsäuren, die wir wie Vitamine brauchen. Und der Zauberstoff Mannoheptulose hält das Dickhormon Insulin in Schach.

69 **Ayurveda-Methode:** Christine Kaufmann trinkt über den Tag verteilt acht Gläser heißes Wasser. Entschlackt, entlastet, bringt den Stoffwechsel auf Trab. Und: Das Glas vor dem Essen bremst den Hunger aus.

70 **Bierhefe** liefert Chrom. Erhöht die Fettverbrennung im Muskel um 400 Prozent. Dicke Menschen leiden meist an Chrommangel. Bierhefe aus Drogerie, Reformhaus, Apotheke. Schwarzen Tee trinken, Paranüsse essen.

71 **Carnitin:** Der Biostoff (in Fleisch und Geflügel) transportiert Fettmoleküle zur Verbrennung in die Muskelöfchen. Schmilzt Pölsterchen weg. Slim-Tipp aus der Apotheke: L-Carnitin-Kapseln.

72 **Chili** enthält Capsaicin. Lockt Endorphine (die Botenstoffe, die glücklich machen), treibt die Fettverbrennung voran.

73 **Grüner Tee.** Claudia Schiffer genießt täglich vier Tassen. Er regt an, dämpft Hunger, schmilzt das Fett von den Hüften. Und er schützt das Herz und beugt Krebs vor.

74 **Lakritze:** Ein Stück täglich soll, so Studien, beim Fettschmelzen helfen.

75 **Wachstumshormon STH** baut Muskeln auf, Fett ab. Einfach selber machen als Betthupferl: 2 EL Magerjoghurt plus 2 EL Vollkornhaferflocken.

76 **Weizengrassaft.** Schlank-Tipp der Pop-Ikone Nina Hagen: »Wenn ich mir zu dick vorkomme, nehme ich blitzschnell mit dem grünen Weizengrassaft ab.«

77 Kohlsuppe

Wenn Sie nach Feiertagen ein paar Pfunde gehortet haben, kochen Sie einfach drei Tage Kohlsuppe auf. Wie Sie wissen, der effektivste Fatburner!

Hilfreiche Adressen

Deutscher Leichtathletikverband
Postfach 100463
64204 Darmstadt

Deutsche Gesellschaft für Ernährung
(DGE)
Im Vogelsang 40
D–60488 Frankfurt/Main

Österreichische Gesellschaft für Ernährung
(ÖGE)
Zaunergasse 1–3
A–1037 Wien

Schweizerische Gesellschaft für Ernährung
(SGE)
Effingerstr. 2
CH-3001 Bern

Einkaufen im Internet

• Dinge die das Leben leichter machen
  (z.B. Fatburner- Trampolin, Pulsuhr,
  Fettwaage, Mixer, Flexbänder) finden
  Sie unter www.fidolino.com
• Nordic Walking-Stöcke, Nahrungsergän-
  zung, gibt 's z.B. unter www.Strunz.com
• Mehr Zeit fürs Glück tanken Sie unter
  www.Bumerang-Prinzip.de

Büchertipps

Abnehmen

Danbrot, Margaret: The new Cabbage
Soup Diet; Blake Publishing Ltd.,
London

Grillparzer, Marion: Fatburner. So einfach
schmilzt das Fett weg; GRÄFE UND
UNZER VERLAG, München

Grillparzer, Marion: GLYX-Diät.
Abnehmen mit Glücks-Gefühl; GRÄFE
UND UNZER VERLAG, München

Grillparzer, Marion: GLYX-Diät.
Das Kochbuch; GRÄFE UND UNZER
VERLAG, München

Grillparzer, Marion: GLYX-Kompass; GRÄFE
UND UNZER VERLAG, München

Grillparzer, Marion: Salto Vitale. In 24
Stunden in ein neues Leben starten;
GRÄFE UND UNZER VERLAG, München

Kasper, Heinrich: Ernährungsmedizin
und Diätetik; Verlag Urban & Fischer,
München

Montignac, Michel: Ich esse, um abzuneh-
men; Artulenverlag, Offenburg

Schleicher, Peter: Die sensationelle Kreta-
Diät; Mosaik Verlag, München

Simonsohn, Barbara: Stevia; Windpferd
Verlag, Aitrang

Strunz, Ulrich: Die Diät. Heyne Verlag,
München

Gesunde Ernährung

Baumgartner u.a.: Das große GU Vollwert-
Kochbuch Nr. 2; GRÄFE UND UNZER
VERLAG, München

Bohlmann, Friedrich/ Kittler, Martina:
Natural Basics; GRÄFE UND UNZER
VERLAG, München

Cooper, Kenneth H.: Gesundheitsfaktor
Ernährung; BLV Verlag, München

von Koerber/Männle/Leitzmann: Vollwert-
Ernährung; Haug Verlag, Heidelberg

Leighton, H. u.a.: Zuckerknacker; Mosaik
Verlag, München

Schleicher, Peter: Immunkompaß; Mosaik
Verlag, München

Schilling, Jürgen: Kau dich gesund! Ehren-
wirth Verlag, München

*Infos zu Kau-Seminaren unter
www.juergen-schilling.de*

Bewegung

Grillparzer, Marion: Mini-Trampolin.
Schlank und fit im Flug; GRÄFE UND
UNZER VERLAG, München

Strunz, Ulrich: Forever Young – das Leicht-
laufprogramm ; GRÄFE UND UNZER
VERLAG, München

Strunz, Ulrich: Nordic Fitness; Heyne Verlag, München

Die Rezepte auf einen Blick

Zum Nachschlagen

Sachregister

SCHLANK UND FIT

mit dem richtigen Mix aus Ernährung und Bewegung

ISBN 3-7742-5785-X

ISBN 3-7742-6354-X

ISBN 3-7742-6688-3

ISBN 3-7742-6476-7

Sie wollen Ihr Wunschgewicht erreichen, ohne zu hungern? Fit werden, ohne sich zu quälen? Mit den richtigen Ernährungs- und Fitnessprogrammen, die auf gesunde Weise topfit machen und das Fett wegschmelzen lassen, gelingt es dauerhaft. Unsere Bücher zeigen Ihnen, wie es geht.

WEITERE LIEFERBARE TITEL:

- ➤ Margit Rüdiger: Power Walking │ ISBN 3-7742-3336-5
- ➤ Margit Rüdiger, Sabine Häberlein: Bauch, Beine, Po │ 3-7742-6189-X
- ➤ Dr. med. Ulrich Strunz: Das Leicht-Lauf-Programm │ 3-7742-4830-3
- ➤ Marion Grillparzer: Mini-Trampolin. Schlank & fit im Flug │ 3-7742-6244-6

Willkommen im Leben.

Impressum

Redaktion: Ilona Daiker
Lektorat und Gestaltung:
   Felicitas Holdau
Mitarbeit: Kathrin Burger
Innen- und Umschlaglayout:
   independent Medien-Design
Herstellung:
   Susanne Mühldorfer
Lithos: Repro Ludwig, Zell am See
Druck: Appl, Wemding
Bindung: Monheim

ISBN 3-7742-3563-5

Auflage   8.   7.
Jahr   06   05

Wichtiger Hinweis

Die Ratschläge des vorliegenden Buches wurden sorgfältig recherchiert und haben sich in der Praxis bewährt. Alle Leserinnen und Leser sind jedoch aufgefordert, selbst zu entscheiden, ob und inwieweit sie die Anregungen aus diesem Buch umsetzen wollen. Autorin und Verlag übernehmen keine Haftung für die Resultate.

Bildnachweis

Cover

Jump: U1
C. P. Fischer: Hintergrund
A. Hosch, R. Schmitz, T. Roch: U4

Innenteil

action press / allsport photographic: 6
Corbis Stock Market: 81 (Darama),
   88 (David Raymer)
GU: Andreas Hosch 55;
   Manfred Jahreiß 21, 52, 69, 90,
   91, 111;
   Studio Reiner Schmitz: 4, 7, 9, 12–14,
   16, 18, 20 re, 22, 24, 25 u, 26, 30,
   36–39, 41, 42, 44, 45, 48–50, 53, 59,
   63, 66–68, 70, 72, 73, 75, 77, 78, 82,
   86, 92–104, 108 li, 109, 110, 112, 113;
   Tom Roch: 8, 11, 15, 54, 62 u, 64, 69 u,
   71, 74, 79, 80, 84, 85, 106;
   Martin Wagenhan: 47, 56–57
Rolf Hayo: 16.1
Jalag (E. Haase): 58
Jump (K. Vey): 107
Mauritius/PowerStock: 10
Mauritius/SF&H: 62 li
Photobusiness–Artothek: 28
pwe Kinoarchiv Hamburg: 29
StockFood: 32.2 (Rosenfeld Images LTD),
   32.1, 33.1 (Ulrike Köb), 32.4, 33.2, 33.3,
   33.4, 34, 35, 60, 65, 69, 105 (S. & P.
   Eising), 51 (Miles)
Teubner Foodfoto: 20 li, 32.3, 40
The Stock Market: 76 (José L. Pelaez),
   83 (M. Keller), 108 (Michael Keller),
   62 re (Paul Steel)
Wilke: 25 o.

Das Original mit Garantie

GRÄFE
UND
UNZER

Ein Unternehmen der
GANSKE VERLAGSGRUPPE